100

为新中国成立作出突出贡献的英雄模范人物/

郑 律 成

郑小提　赵　盈/编著

吉林文史出版社

图书在版编目（CIP）数据

郑律成 / 郑小提，赵盈编著. -- 长春 : 吉林文史
出版社，2011.4（2022.4重印）
（100位为新中国成立作出突出贡献的英雄模范人物）
ISBN 978-7-5472-0575-4

Ⅰ. ①郑… Ⅱ. ①郑… ②赵… Ⅲ. ①郑律成
（1914～1976）—生平事迹 Ⅳ. ①K825.76

中国版本图书馆CIP数据核字(2011)第051188号

郑律成

ZHENGLVCHENG

编著/ 郑小提 赵盈

选题策划/ 王尔立 责任编辑/ 王尔立

装帧设计/ 韩璘

出版发行/ 吉林文史出版社

地址/ 长春市福祉大路5788号 邮编/ 130118

电话/ 0431-81629363 传真/ 0431-86037589

印刷/ 天津海德伟业印务有限公司

版次/ 2011年4月第1版 2022年4月第6次印刷

开本/ 640mm×920mm 1/16

印张/ 9 字数/ 100千

书号/ ISBN 978-7-5472-0575-4

定价/ 29.80元

《100位为新中国成立作出突出贡献的英雄模范人物》丛书

编 委 会

100位

为新中国成立作出突出贡献的英雄模范人物/

八女投江	于化虎	小叶丹	马本斋	马立训	方志敏
毛泽民	毛泽覃	王尔琢	王尽美	王克勤	王若飞
邓 萍	邓中夏	邓恩铭	韦拔群	冯 平	卢德铭
叶 挺	叶成焕	左 权	诺尔曼·白求恩		任常伦
关向应	刘老庄连	刘伯坚	刘志丹	刘胡兰	吉鸿昌
向警予	寻淮洲	戎冠秀	朱 瑞	江上青	江竹筠
许继慎	阮啸仙	何叔衡	佟麟阁	吴运铎	吴焕先
张太雷	张自忠	张学良	张思德	旷继勋	李 白
李 林	李大钊	李公朴	李兆麟	李硕勋	杨 殷
杨子荣	杨开慧	杨虎城	杨靖宇	杨闇公	萧楚女
苏兆征	邹韬奋	陈延年	陈树湘	陈嘉庚	陈潭秋
冼星海	周文雍、陈铁军夫妇		周逸群	明德英	林祥谦
罗亦农	罗忠毅	罗炳辉	郑律成	恽代英	段德昌
贺 英	赵一曼	赵世炎	赵尚志	赵博生	赵登禹
闻一多	埃德加·斯诺	夏明翰	格里戈里·库里申科		
狼牙山五壮士	聂 耳	郭俊卿	钱壮飞	黄公略	
彭 湃	彭雪枫	董存瑞	董振堂	谢子长	鲁 迅
蔡和森	戴安澜	瞿秋白			

前言

　　每个人的心中都多少有一点英雄情结，都向往英雄、景仰英雄。也正因此，在中华人民共和国建国六十周年之际，由中央十一部委联合组织开展的"100位为新中国成立作出突出贡献的英雄模范人物和100位新中国成立以来感动中国人物"的评选活动中，群众参与投票总数近一亿。这其中的每一张选票，都表达了人们对英雄模范的崇敬之情，寄托着对伟大祖国的美好祝福。

　　一个民族不能没有英雄，否则这个民族就不会强大。当国家危难之时，懦弱者选择了逃避、妥协甚至投降，英雄们却挺身而出，用热血捍卫民族的尊严，人民的幸福。在创立和建设新中国的伟大历程中，涌现出无数可歌可泣的英雄模范人物。他们之中，有为了民族独立和人民解放而英勇牺牲的革命先烈，有为了党和人民的事业而不懈奋斗的优秀共产党员，有在全民族抗战中顽强奋战、为国捐躯的爱国将士，有英勇杀敌的战斗英雄和革命群众，有积极从事进步活动的著名民主爱国人士和国际友人……他们是民族的脊梁、祖国的骄傲，是激励全体人民团结奋斗的精神力量。

　　《100位为新中国成立作出突出贡献的英雄模范人物传记》丛书，就像一部星光璀璨的英雄谱，真实、完整地记录了英雄模范人物不平凡的一生，再现了他们非凡的人格魅力和精神世界。"头颅可断腹可剖"的铁血将军杨靖宇，"毫不利己，专门利人"的白求恩，"抗战军人之魂"张自忠，"砍头不要紧"的夏明翰，"俯首甘为孺子牛"的文化斗士鲁迅……一串串闪光的名字，一个个动人的故事，犹如群星闪烁，光耀中华。

　　如今，战火已熄，硝烟已散，英雄已逝，我们沐浴在和平的幸福之中。在和平年代，人们不会忘记为今日的和平浴血奋战的英雄们，英雄的故事永远不会结束。让我们用英雄的故事唤醒我们心中的激情，为中华民族的伟大复兴而奋斗。

生平简介

郑律成 (1914–1976)，男，出生于朝鲜全罗南道光州，中共党员。

郑律成 1933 年春来到中国，在南京、上海等地从事抗日活动。全国抗战爆发后，先后进入陕北公学和鲁迅艺术学院音乐系学习。1938 年 8 月被分配到中国人民抗日军政大学政治部任音乐指导。1939 年 1 月加入中国共产党。在延安期间创作出许多重要作品，歌曲《延安颂》一经问世便迅速由延安传遍全国。1939 年秋，和诗人公木创作了著名的《八路军进行曲》，同年冬由鲁迅艺术学院在延安中央大礼堂首次演出，获得成功。1940 年夏，《八路军进行曲》刊登于《八路军军政杂志》，随即在八路军各部队和各抗日根据地广为流传，成为传唱极广的人民军队战歌。解放战争时期改为《中国人民解放军进行曲》。1988 年 7 月 25 日，中央军委发布命令，将其确定为《中国人民解放军军歌》。1950 年定居北京，加入中国籍。1950 年 12 月，作为中国人民志愿军创作组成员赴朝鲜前线，和其他同志合作谱写了《亲爱的军队亲爱的人》《中国人民志愿军进行曲》、《志愿军十赞》。此后，在北京人民艺术剧院、中央歌舞团、中央乐团从事音乐创作。他深入工厂、农村、边防，谱写了大量的音乐作品。1976 年 12 月 7 日在北京逝世。

1914-1976

[ZHENGLVCHENG]

◄ 郑律成

目 录 **MULU**

回到延安回到家 / 058

从太行山随朝鲜革命军政学校迁回延安罗家坪，郑律成欣喜地看到妻子与从未见到的半岁大的小女儿。

30岁

■在朝鲜的日子（1945–1950）/ 061

一路艰险 / 062

日本宣布无条件投降后，郑律成和妻子随队伍一起回朝鲜，一路历尽危险坎坷，艰苦行军，终于在三个月后抵达平壤。

31岁

回到朝鲜 / 069

郑律成夫妇在江华湾边的海州度过了一段安宁、温馨的日子。之后他又被调到平壤，出任朝鲜保安队（朝鲜人民军前身）俱乐部部长（相当于文化部部长），并与母亲团聚。

32–36岁

奔赴朝鲜战场 / 074

朝鲜战争爆发，郑律成这时已被调离人民军，在平壤国立音乐大学任作曲部部长。在敌机轰炸声中，他怀着满腔热情，创作了《共和国旗帜迎风飘扬》、《朝鲜人民游击队战歌》、《我们是坦克部队》、《战士的誓言》等歌曲。

36岁

■建设新中国（1950–1976）/ 077

回到中国 / 078

周恩来总理亲自写信给金日成，使得郑律成跟妻子一同回到了中国。

36岁

抗美援朝 / 084

在朝鲜战场上，有感于两国军队的大无畏气概，在震耳欲聋的炮声中，他和刘白羽合作写了《歌唱白云山》，他和魏巍合作谱写了具有浓郁朝鲜风情的《亲爱的军队亲爱的人》，和欧阳山尊合作谱写了《中国人民志愿军进行曲》和《志愿军十赞》。

37岁

怀念郑律成（代序）

郑律成是当代继聂耳、冼星海之后，又一位杰出的优秀的作曲家，是中国无产阶级革命音乐事业的开拓者之一。

郑律成是个忠诚于党的事业的战士，为人直爽、坚强、表里如一。在抗日战争年代，他的作品起到了打击敌人、团结人民、鼓舞士气的重要作用，有力地宣传了党的抗日民族统一战线的政策。特别值得一提的是，郑律成具有一种爱憎分明的革命者的品质。在十年动乱中，他对林彪、江青两个反革命集团是深恶痛绝的。当一些老同志处境艰难的时候，他常用音乐艺术来表达乐观和胜利的信心。当大家在一起议论国家大事的时候，他尤为国家的动乱而忧虑。郑律成衷心爱戴毛泽东、朱德、周恩来、刘少奇、任弼时等党和国家的领导人。他因给毛泽东诗词谱写的乐曲不让演出而非常愤慨。他曾对一些同志说过想为朱总司令这位传奇式的英雄谱写乐章，可惜他的愿望未能实现。陈毅同志生病的时候，很想听听音乐，张茜同志曾提出想请郑律成来为陈老总弹奏乐曲，陈老总表示不愿给别人带来不必要的麻烦。郑律成得悉此事后非常难过和激动，他说："如果让我去弹奏，我怕控制不了自己的感情。"

鲁迅先生说过："从喷泉里出来的都是水，从血管里出来的都是血。"郑律成是位作曲家，他把满腔热血化作源源不断的激情的旋律，热情歌颂中国的革命。从1937年开始，到1976年底，在将近四十年的时间里，他所创作的各种形式的音乐（包括歌曲、大合唱、歌剧、电影配乐等）共约三百余部（首）。他的作品同聂耳、冼星海等我国无产阶级革命音乐先驱者的作品一起，鼓舞中国人民奋勇前进，永远在工农、战士、学生、老人、青年、儿童中间传播……

　　他是一位真正的艺术家，善于用旋律去塑造形象。他的歌个性鲜明，意境深，格调高，不落俗套。他的音乐就像他的性格一样，朴素亲切，乐观豪放，激情澎湃，坚毅刚强。他为毛泽东在长征路上所作诗词谱写的交响合唱，每一首都像是一幅立体的音乐的图画。在歌声中，我们似乎能看到巍峨险峻的山峰，看到蓝天、薄云、如血的残阳；一支钢铁的军队正以锐不可当之势，越过万水千山，向着中国革命的胜利，向着世界人民的彻底解放，勇敢进军！

　　他的创作态度是严肃的，从不信手拈来，粗制滥造；绝不哗众取宠，趋炎附势。他的创作不是在报纸上寻章摘句，也不是坐在房间里闭门造车。从炮火纷飞的战争年代，到社会主义革命和建设时期，他从来不脱离群众，不脱离劳动，不脱离斗争。他与同志们一起开荒，和战士一道站岗，同工人、农民一块劳动，跟渔民一同撒网。他在祖国的江河大地上，用心灵去倾听，在大自然中酝酿，一有了比较成熟的构思，立刻去找诗人共同切磋，待诗人的歌词写完，他的音乐也差不多一气呵成了。他的许多作品就是这样写成的。因此，他的创作总能抓住时代的脉搏，具有浓厚的生活气息，又有高度的艺术概括力。著名的《延安颂》《中国人民解放军进行曲》早已成为伟大的延安精神和我们革命军队的象征，载入了革命的史册。他的歌曲是整个工人阶级形象的艺术概括，也是作家内心真情的剖白。这正如鲁迅先生的断语——"从血管里出来的都是血。"这是从战士火热的胸膛里涌流出来的不灭的滚烫灼人的热血啊！

　　对于革命音乐家郑律成最好的纪念，就是我国人民更多更好地来演唱他的作品。今天，当上百名海、陆、空军战士组成的合唱团在音乐会舞台上，高唱郑律成为他们谱写的歌曲，他们朴实憨厚的气质，嘹亮粗犷的歌喉，威武雄壮的气势，唱出了我军所向无敌的英雄气概，震撼了整个大厅。郑律成的作品至今仍具有现实意义。

梦幻的童年

(1914—1933)

→ 革命家庭

★★★★★

（0—1 岁）

　　1914 年 8 月 27 日，郑律成出生在朝鲜全罗南道光州杨林町。父亲郑海业、大哥郑孝龙和二哥郑仁济都积极参加了朝鲜独立革命运动，后来都到中国参加了中国革命。三哥郑义恩是朝鲜共产党员。郑律成从小在家庭里接受了革命思想教育，学会了《国际歌》、《赤旗歌》等革命歌曲。

　　郑律成小时候，名叫富恩，后来改名律成。郑海业为了生计，常年当长工，披星戴月拼命劳动，才勉强糊口度日。郑海业的岳父崔氏曾任韩国末期的监司，是一个颇有名望的两班阶级（即贵族）家庭。当时朝鲜的政局非常混乱，上层阶级极端腐败无能，卖官鬻爵如饮茶饭，而对外国列强虎视眈眈妄图吞并朝鲜，却置若罔闻，熟视无睹。对此束手无策的崔氏，以晚年图安逸为由，辞去官职，选择山清水秀、土地肥沃、物产丰富、风调

◁ 郑律成出生时，朝鲜半岛已沦为日本殖民地，没有了自己的国家。朝鲜民众不屈不挠，在国内外展开抗日独立运动。

雨顺、人和地利的全罗道光州，过着隐退的生活。那时的光州，不过是不足两万人口的一座小城镇。

在乡下隐居的崔氏，尽管遇见许多青年，但只看中了整天背夹子当长工，五官端正、人品厚道、聪慧过人的一个青年。他就是当年 28 岁的郑海业。

崔氏对这位青年深有好感，对他的来历也极感兴趣。原来，郑海业是数百年来世世代代定居光州的土著民的后裔。他十分憎恨贵族阶级，对他们的虚伪性及欺瞒行为视如瘟疫，疾恶如仇。他目睹这帮游手好闲的伪君子整日围坐在厢房里，靠吹嘘先祖的官品地位来虚度年华，心想：不正是这帮家伙，把一个好端端的国家糟蹋得山河破碎、民不聊生、怨声载道吗？郑氏宗族也无例外，以炫耀家谱和祖辈的万贯家财为荣，不知夕阳西下，月挂中天。郑海业对此极端不满，毅然提出脱离郑氏家族的要求。郑氏一家要处罚这个"叛逆者"，但其中也有支持他意见的一些人，因此只是将郑海业赶出郑氏家族了事。他对被逐反以为荣，当做幸事。崔氏了解了上述情况及缘由，心中暗喜，并将自己的四女泳温嫁给了郑海业。

郑海业向岳父崔氏学习汉学，数年间不仅通读了"四书五经"，而且酷爱书法，在许多名胜之地留下了他的墨迹。

郑海业婚后，为生活所迫租种地主的几分地，但因人口不断增加，收入微薄，家境越发贫困。加上封建王朝日趋崩溃，日本帝国主义乘机全部吞并朝鲜，日本人像海潮般涌入朝鲜半岛，横冲直撞，耀武扬威，跋扈异常。郑海业居住的村子里也驻进了日本人的守备队。

当时，朝鲜许多爱国之士，为了国家的独立和解放，在国内外展开了直接或间接的抗日斗争。郑海业用镰刀割去发髻，思想发生了巨大的变化。他一刻也无法神安，但家境又使他无可奈何。他忍受着内心的熬煎，经过重重的难关，终于来到了中国的上海。当时大韩临时政府刚刚在上海成立。郑海业的远大抱负和希望顷刻间化为泡影。所谓大韩临时政府不过是利欲熏心的一群政客，挂着爱国的招牌玩弄权术、明争暗斗的一个鬼把戏，是与郑海业的爱国精神风马牛不相及的。郑海业在失望之余，重新返回自己的家乡，见到亲爱的妻子和成长起来的儿女们在赤贫如洗的境况中度日如年，禁不住悲叹多难的时代和不幸的身世。但是在逆境中，他并没有失去生活的信心和对未来的憧憬。他动身远离自己的家乡光州城，到离光州东北方四十余里的一个荒无人烟的穷山沟，搭起窝棚，白天黑夜拼命垦荒，终于开出几亩荒地。当地的地主池某，依仗日本人的势力，声称这是他家的地盘，把刚刨出来的小片荒地连同窝棚全都抢了去。这时郑海业的儿女已经长大成人，有的参加三一独立运动或工人运动，置身于国内外革命斗争的行列中。

1919 年 3 月 1 日，朝鲜爆发了规模浩大的三一独立运动，郑律成的大哥、二哥因参加这次运动而遭通缉，在朝鲜难以立足，便来到中国，先后加入了中国共产党。后来，大哥回朝鲜秘密组织革命活动，被关进监狱，出狱不久便病故；二哥进了云南讲武堂，后参加北伐，英勇牺牲。

→ 少年英雄

★★★★★

（2-15岁）

　　郑海业原有五男五女，在饥寒交迫中，五个孩子先后夭折，身边只剩下四男一女。郑律成是郑海业的小儿子，他从小就富于幻想。白天，他总是和村里孩童们在一起，不是踢毽子就是打碑石；夜晚在月光下捉迷藏；到了晚秋，玩拔河比力气；寒冬腊月则放风筝。更多的时候，他们围着大树，手拉着手，唱起《江江水月来》、《鸟啊鸟》等民歌，欢乐地跳起舞来。

　　朝鲜多名山丽水。变幻莫测的气候，更为儿童们带来了幻想的世界。明明是风和日丽的大好晴天，顷刻间飞来了满天乌云，下起倾盆大雨来。当云收雨停，艳阳高照时，眼望地气蒙蒙、薄雾弥漫之中人来车往，儿童们的心儿就飞到另一个天国，好像步入了仙境一般。在美丽的杨林町的童年生活塑造了郑律成热爱大自然的性格，秀丽的朝鲜山水更滋养了他的艺术灵性。

转眼间郑律成到了入小学的年龄。父亲对日本帝国主义怀有刻骨仇恨，不准自己的子女入官立学校。郑律成进了私立崇一小学。这所学校的多数学生是穷人子弟。他的成绩十分优秀，其中音乐、体育更为突出。每年春秋总要举行学艺会，他又独唱又跳舞，还担当村剧中的主角。那时他喜爱唱的歌，有美国民歌《把我带回维吉尼故乡》、《故乡的亲人》、《可爱的家》、《我的家乡肯塔基》、《过去的草坪》；还有朝鲜民歌《冬去春来》、《害羞》、《尼哩哩呀》等。

一进秋季，湖南二十多所小学联合举行运动会，经过预选再进行决赛。其中最引人注目的项目是 400 米接力。郑律成跑头棒，他同岁的侄子接末棒。具有民族感情的观众都一致声援崇一小学。崇一小学接连夺得冠军。郑律成叔侄俩在运动会或音乐会中最活跃，成了光州人们议论的主要话题。郑律成多才多艺，兴趣也非常广泛。到了五年级，他爱上了植物学，跟着崔老师，利用暑假几次到光州附近的名山河谷，到盛产西瓜的无等山采集各种动植物。回来后精心加工成标本二百多种，全部交到学校标本室供教学时用。对郑律成的这种无私精神和劳动，人们看在眼里，赞叹不绝。

郑律成不仅因为学习优秀，爱好音乐、体育，得到大人们的宠爱，而且他也是一个勇敢的少年。家庭日益贫困，为生活所迫，他们家离开心爱的杨林町，迁居离光州西北十多里的月山里。从月山里向东南举目遥望，隐约可见无等山露积峰；村西北处，一片茂密的竹林，形成围护村落的绿色屏障，并与后面的黄土山冈相邻，它的西北面则横卧着肥沃的松汀平原。

村里人们一有空闲便不约而同地来到村庙旁古榆树下，或是乘凉，或是娱乐。初夏的一个星期天，五年级小学生郑律成为了乘凉，来到村头。那里只有几个孩子还在玩耍。闷热的天气使人难耐，好像要下大雨。突然，一群喜鹊慌忙从天上飞来，不安地喳喳叫个不停。孩子们从未见过这种场面，你猜我想："今天是喜鹊开会的日子吧？""不对。是它们结婚欢宴的日子啊。""不！好像出了什么事儿。"其中一个孩子说："你们都没猜对。刚才有一只猫打这里跑过去了。"孩子们的眼光都移向这个孩子手指的方向。果然有一只黑猫跳过村庙屋顶匆匆跑开，藏得无踪无影。可是，喜鹊仍叫闹不止。他们惊疑、好奇，四处察看动静。忽然，一个孩子惊叫起来："啊呀妈呀！你们看！一条大蟒缠在老树上！"他们一个个吓得马上转过头来，注意力全都集中在树上。"呀！这么大家伙！它是想吃掉喜鹊崽儿！"一条黄色的大蟒蛇正盯着鹊巢，伸出细长的舌头，缠在树干上。郑律成见此情景，骂了一声："这个坏蛋！"话音刚落，他爬上古榆。这时，树下一群惊呆的伙伴你喊我叫，乱成一团，说什么也不让他再往高爬。原来这里老人们传说蟒是护卫本村安全的蛇神，谁害了它，谁就要受神的处罚，遭灭顶之灾。一到节日，他们搓起胳膊粗的草绳，各股间插上许许多多白纸片，绑在古榆树腰上，向象征蛇神的草绳跳大神，祭供物。郑律成也曾多次听人们讲过关于蛇神的迷信传说，但他还是不信。他折断一根树枝，面无惧色，准备与大蟒争个高低。正在这个节骨眼儿，大人们跑来，下令似的高喊："黄神出来正在放风，它要吃鹊崽儿就让它吃好了。可别碰它，一碰就会闯下大祸。"郑律成装作没听见，摘掉树叶，挥着树枝，继续爬上去。天上喜鹊不住悲鸣，树下大人、小孩们乱喊乱叫。缠在树干上的蟒蛇也许受了惊动，蠕动着身躯，伸出长舌四处张望。巢中的小鹊一个个吓得直发抖。郑律成沉着地察看上下，仍往高处爬。蟒发现了仇敌，赶忙转身，死死地缠在树上。快爬到离蟒很近的地方，富恩蹬牢脚跟，左手拿着树枝，猛然间向蟒抽了一下。蟒一动未动。他用全身力气接连打去，并用脚狠狠踢蛇腰。一时失去平衡的蟒身稍松下来，他趁机又用树枝狠命抽打，蟒从树上摔下来，掉在地上。人们围过来观看长长的大蟒。没等郑律成下来，下面议论纷纷："这么大！从来没见过这么长的蟒。准是蛇神！""郑律成早晚免不了遭灾。"不少老人为郑律成担忧，但也有些人很佩服他见义勇为的精神，说："打死了好。喜鹊们得救了，不会忘记他的功劳的。""郑律成真是一个勇敢大胆的孩子，不知道什么叫怕。"郑律成从树上下来，见地上的蟒蛇一命呜呼，心里非常痛快，可听了老人们的议论，也有些后怕。他悄悄回到家，向爸爸详细诉说了打蛇的经过。听完，爸爸说："富恩，你听我说。过去人们传说，谁若碰到双头蛇看上一眼，他就得死去。后来有个少年，在路上见到了一条双头蛇。他想反正也是一死，心一横就打死了这条蛇。打死以后又想，蛇虽已死去，可是别人看见它，不也得死去吗？为免去别人受牵连，他索性就把它埋掉了。后来他成为了不起的一个人。你也不必担心。"父亲边安慰边称赞，更加助长了他的勇气和信心。

此后，郑律成捉蛇的故事传遍了全村和附近的屯落，成为人们议论的中心。有人满意地说："咱们过去光知道这孩子老实温顺，见人微笑，没曾想这样大胆！"消息一传十，十传百，流传中有些人又添枝加叶，郑律成简直成了传奇式的少年英雄。

 困难中成长

★★★★★

（15—19岁）

郑律成在困苦的生活中以优秀成绩结束了小学功课。1929年，全家人决定送他继续念中学，但家庭经济条件却难以承担这么大的压力。那时光州本来有一所日本人开办的公立中学，但他父亲坚决反对他进这所中学。郑律成几次想劝说，但又怕惹老人家生气，心里的话一直没敢露一句。为了让郑律成上学，他的父亲走遍村落前后的山山沟沟，终于选择了离村子七八里远的一块山地，回来和邻居朴八万商议时，才得知这块地属于市内千某的地界。他托朴八万去交涉，结果很顺利。全家人积肥、刨坑种起了西瓜，把精力全用在西瓜地里。俗话说："有志者事竟成。"加上春天风调雨顺，西瓜长势非常好。郑律成非常听他爸爸的话，让他干什么就干什么。他住在窝棚里与父亲相伴。黎明时分，天刚蒙蒙亮，他就下山打来泉水供父亲饮用，接着进西瓜地里松土、掐蔓；开始结西瓜时又忙着垫上草垫，这样从早一直干到日落。父亲不忍心，问他："不累吗？歇一会儿再干……没有国家又没有钱，有啥法子。"说着长吁短叹，十分悲伤。郑律成回答："爸，不要紧。多有意思啊。"村里人都夸郑氏一家非常厚道，儿女有孝心，兄弟间也很和气。

这里的山虽然不很高，但是山峦连绵险峻，常有老虎、豺狼、狐狸等野兽出没。成群的刺猬专来祸害瓜地。所以下屯去取生活必用的物件时，只能白天去，赶在太阳落山前返回山中窝棚。从村子到瓜地，只有一条羊肠小道，路旁茂密的蟠松林遮蔽云天，阴森可怖。一个人走这样的山路，难免出一身冷汗。到了夜晚，天上繁星点点，璀璨如玉，松涛声中夹杂着令人毛骨悚然的狐哭狼嗥，打破黑夜的寂静，偶有几颗流星划破夜空飞落远方。这样的时刻，刺猬以为是它们的世界，一个个开始蠢动起来，从四面八方偷偷摸摸地向瓜地爬来。每当这个时候，看瓜人就得敲打着薄铁桶，高声吆喝着，用长矛翻翻篝火，边在草地中搜索着，边哼唱随便编出来的即兴曲，围着瓜地转悠一圈。这是为了向刺猬群发出警告。每天夜里，经过几次这种举动之后，郑海业强忍着疲劳，咳嗽一阵，用脆亮的嗓音吟起诗来，发泄心中的激愤：

> 重峦叠嶂知高低，
> 难测古今人心地。
> 可怜百姓遇大难，
> 失国血泪何安栖？

郑律成随着父亲朗朗吟唱，渐渐进入了梦的世界。

精心的莳弄，迎来了前所未有的大丰收。但是，山路崎岖，交通不便，车马难行。只好用背夹子背瓜下山。一上市，数郑律成家的西瓜个大味美，加上价格低廉，人们都争着买。郑律成是挑西瓜的行家里手，只要经他挑选的西瓜，保管个个熟透香甜。他们整整忙碌一夏，挣得了明年入中学的35元学费。家里人商定，不管有天大事情，谁也不准动这笔款，并托郑律成母亲来负责保管。第二年初春，郑海业突然患重病，妈妈瞒着别人拿出10元钱买了药。等3月份郑律成入全州私立新兴中学时，妈妈只好拿出剩余的25元。郑海业为此大发脾气。他母亲表白说："孩子念书要紧，可救人命更要紧哪！……"郑律成在旁边也再三劝解："爸爸，您别生气，也不必担心，我省点花就是了。"郑律成的衣袋里有生以来头一次装进了这么多的钱。

中学生活给他带来了无比的欢乐。环境变了，学校的规模又大，还学许多未曾听说过的课程，处处感到新鲜。学校还成立了体育运动队和合唱团，吸收新生参加。郑律成参加了篮球队和合唱团，对英语课也非常感兴趣。他什么都想学，但人的精力毕竟有限，只好从中选优。经过半年的学习，郑律成放暑假回到家里时，已像是一个大学生了。他利用暑假时间，白天采集昆虫，晚上组织夜校，教人们唱歌、跳舞，教朝语拼写法。当时朝鲜国内兴起"为了人民"的运动，学校要求学生在假期深入农村，开展启蒙运动。郑律成向本村的一群男女少年，教唱了许多歌舞，其中有《我的家乡》、《月芽》、《领薪的日子》、《猫头鹰》、《捕鱼》、《咕噜噜滚下来》等。村庙前的广场天天人声鼎沸，行动稍迟便很难找到空座。郑律成忙了整整一个假期，一天也没得休息。一眨眼工夫，到了9月初开学的日期。他将

▷ 19岁时的郑律成

采集的百余种昆虫标本，全部交给了学校生物标本室。每一种标本上，都由郑海业用熟练的毛笔字填写了昆虫名称及采集的时间和地点。那年年末，他成了校篮球队员和乒乓球选手，百米、200米赛跑则被选拔为全州的代表。在学校组织的每次文艺晚会上，他总是担任独唱。

正当他的生活充满欢乐，对未来抱有无限美好幻想的时候，突然接到了他最尊敬的父亲病危的紧急电报。

郑律成在世上失去了最疼爱自己、最能理解他心情的父亲，顿时觉得天塌地陷。他曾经有过多少美好的理想，中学生活又多么广阔而富有诗意啊！但是由于父亲逝世，这些都已成过去，如今不得不画上终止符号。对月山里刚刚发生感情，对周围环境还刚刚熟悉，可是为了糊口，为了争取生存，他们不得不离乡背井，迁居他乡。正在为难之时，住在杨林町的三哥的一位挚友梁某说，他家眼下还有一间空屋，劝他们搬到他家去一起生活。郑律成陪着母亲，跟着姐姐一同又回到了可爱的杨林町。这里离他们的学校很近，他感到非常高兴。但是，靠父兄的亲朋好友度日，总不是长远之计。生活越发艰难了。

日本帝国主义把朝鲜变成它的殖民地之后，仍无法满足其扩张的野心。不久，它又侵占中国东北三省，成立了伪满洲国傀儡政府。接着把侵略的魔爪伸向华北、华东等地。郑律成失去了父亲，也失去了哥哥，但他并没有失望，也不感觉孤独。二哥遗留给他的曼陀铃成了安慰他生活和斗争的亲密伙伴。他整天夹着曼陀铃，不是唱歌就是抄谱。他常到附近居住的老师们家里，借来《复活》、《安娜·卡列尼娜》、《林肯传》、《马温·列斯克》、《三国演义》、《水浒传》，以及许多朝鲜古、现代作品，日夜攻读，读后又向老师和同学们谈论自己读后的感想。

他始终没有忘记已故的父亲。父亲的坟，离家有近十里远。不论春夏秋冬，每周必定去看望一次。喜降春雨时，他在土坟四周种上凤仙、百日红、彩松等花。家穷无法立碑，但一到春季，他采来一束束金达莱，夏天换成伐草，入秋时分则折来丹枫放在父亲的坟头上。有时单独或带着许多朋友一同来到父亲的坟前，边弹着曼陀铃，边唱起父亲生前喜爱的歌曲。他们在大自然的怀抱中尽情放声高歌，直到黄昏才慢慢下山。妈妈问他："这么晚才回来？"他说："爸爸让我们多待一会儿。妈妈，不知怎么，总觉得爸爸并没有死，好像很快就会活着回来似的。"

一年的时间不算很长。他的姐姐与黄埔军校第四期毕业生朴建雄结婚，离开家乡到了中国上海；三哥带着南京朝鲜义烈团军政学校的密令，几次从上海回到朝鲜，秘密召集健壮的青年入校。郑律成为了参加革命运动，几次请求母亲答应他跟三哥走，可是母亲不同意："你看，你爸去世了，你大哥、二哥都那样了，谁知你三哥以后会怎样？这回，你姐姐也走掉了。你再一走，我一个人咋过呀？"说得郑律成无言以对。三哥顺利完成了任务，把挑选的青年们一个个地送到目的地。事情办妥后，他往家里走，密探已暗中跟踪盯梢，他进屋睡上还没有一眨眼的工夫，两个便衣警察，跟着一个穿一身黑衣服、腰间挎洋刀的家伙，一同闯进屋里来。妈妈串门还没有回来，只有郑律成坐在三哥旁正看书。他们叫醒三哥，不容分说就扣上了手铐。郑律成向警察扑去，死死抱住他们的腿不放。这时妈妈也刚串门儿回来，大声呼喊着。村里人们一听见动静也纷纷赶来。警察一拳打倒了郑律成，用军靴踩住口鼻中流血的郑律成。妈妈见此情景，像疯了似的大喊："你们这帮强盗！不怕苍天有眼吗？你们不也有父母兄弟吗？"他们根本连理都没理，把三哥带走了。妈妈并没有把郑律成扶起来，狠狠系了一下裙带，就去找二弟崔泳旭。妈妈的二弟在光州经营着颇有名望的瑞石医院。妈妈讲完事情的经过，认为应该把富恩送到中国去，并提出旅费问题。崔泳旭虽然嘴上说："光你们一家就能搞起独立运动啊？得等待时机到来。"却拿出 50 元钱塞进他姐姐手中。

三哥义恩被警察带走后，没过几天就因为得到二舅崔泳旭的救助，也因为自己化装成商人没有暴露真正身份被释放了。郑律成先行一步，和几个青年一起从木浦乘上了"平安丸"客轮，舟行至釜山，三哥已乘火车经大丘到釜山乘船。他们在船上相逢，转经日本长崎，到达中国上海。

走上革命道路

(1933—1936)

→ 来到上海

（19—22 岁）

  1933 年 5 月 8 日，郑律成和几个青年来
到了中国繁华的大城市上海，然后乘火车到南
京，进了朝鲜革命军事政治干部学校。校址
在南京郊区江宁镇的一个庙宇里。同期入学
的有 55 人，他们主要学军事、政治等方面的
知识。军事科包括战术学、地形学、简易测
量学、步兵操典、射击教范、阵中要务及爆
破教范等；战术科包括各种步兵战斗法、重
轻机关枪教练、特殊技术教练、炸药制造法等；
工作科包括通讯法、宣传法、伪装法、组织
法、集合法等；同时也上政治课，内容有世
界史、朝鲜独立运动史、义烈团史、政治经
济学、社会科学概论、唯物史观等。校长金
若山还亲自讲授《朝鲜形势与朝鲜义烈团之任
务》，由于国民党的黄埔同学会出了经费，表
面上还学了些三民主义。学校要求学员在六个
月中学完四年的课程，达到少尉军官水平。由

△ 朴建雄（右一），郑律成的姐夫，朝鲜独立运动先驱者，中国黄埔军校四期学员，参加过中国广州起义；金奎光（右二），朝鲜开国元勋，朝鲜共产主义者，参加过中国广州起义；杜君慧（左二），上海妇女救国会领导人，左翼作家联盟成员。

于学员毕业后都要从事反日秘密工作，所以半年时间没出过校门一步。义烈团活动规则极其严格和秘密，团员绝对服从命令，互相不过问行动内容。大部分团员常用别名，少则一两个，多则有五六个以上。在这个时候，富恩改名叫郑律成，还经常改换衣着和容貌，以防敌人辨认。在课余时间里，他们用唱歌来抒发年轻人的壮志豪情。激昂悲壮的《国际歌》、《赤旗歌》、《少年先锋队》、《最后的决战》等都是他们经常唱的歌曲。郑律成自小就喜欢唱歌，念小学时，常跑到有唱机的大舅家去听世界名曲唱片，每每听得废寝忘食。每当唱起昂扬的革命歌曲，他感到激情满怀。

1934 年，郑律成毕业了。同期学生大多派回朝鲜或满洲从事军事斗争，也有些人进了南京中央军校，有的留在南京工作。郑律成被义烈团团长金若山分配到南京鼓楼电话局去搜集日本人的情报，具体工作是监听南京至上海间的日本人的电话。金若山发现郑律成爱好音乐，同时还资助他到上海去学习音乐，也有以音乐作掩护的意思。

这样，经过上海音专学生杜矢甲的介绍，郑律成每周都赶到上海去，跟著名外籍教授克利诺娃学习声乐。教授赞赏郑律成的音乐天赋，认为他很有发展前途，说以他这样的音乐素质，如能到意大利去深造，将有可能成为"东方的卡鲁索"（卡鲁索是 20 世纪初名震西方乐坛的著名意大利歌唱家）。克利诺娃知道郑律成经济拮据，还要帮助他姐姐，就对他说："我决定不收你的学费，如果有可能的话，你给我买一束鲜花就满意了。"郑律成每月一次或两次买来鲜花，把它轻轻放在教授的钢琴上面。对教授留的作业，郑律成不但按时完成，而且常常预习后面的功课，因而总是受到她的表扬。在一次演唱世界名曲的音乐会上，克利诺娃还推荐郑律成担任男高音领唱。演出那天，音乐会取得了很好的效果。克利诺娃非常兴奋、激动,搂着郑律成连连说："太好了，成功啦！"又一次说："你若去意大利继续深造，一定能成为一个很好的歌唱家。我可以把你介绍给我的挚友，这一点你不必担心。"

郑律成到上海后，通过姐夫朴健雄认识了金奎光、杜君慧夫妇。金奎光是朝鲜共产主义者，对马列主义有较深的研究。在广州中山大学读书时，曾与张明（即金山）、朴健雄等人一道参加过广州起义。他的夫人杜君慧是 1928 年加入我党的一位老同志，后为上海妇女救国会的领导人、左翼作家联盟的成员。据杜君慧回忆，年轻时的郑律成质朴、热情，尽管当时环境险恶，生活困难，但他一直保持着开朗的性格、饱满的热情。那些老大哥、老大姐们都亲切地称他为"小郑"。

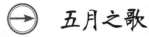

五月之歌

★ ★ ★ ★ ★

（22—23 岁）

　　1936 年春，正是"江南三月春来晚，雪压孤城隔水寒"的时候。虎踞龙盘的南京古城，当时正处于风声鹤唳，草木皆兵，人心惶惶而故作镇静的气氛中。但在金陵城外名胜地的玄武湖，却是风光明媚，樱桃正熟，榴花鲜红，青莲吐蕾，绿盖藏鸥，依然是游人络绎，划桨从容。

　　4 月的一天上午，郑律成经金奎光介绍认识了一位叫罗青的革命同志。沧海横流，把他们两个有着国破家亡，飘零四海，救国自救的共同命运的异姓兄弟，汇合在一起。

　　郑律成富有革命理想和音乐才华，特别爱慕和追怀中国青年音乐家聂耳。他要沿着聂耳的光辉道路前进。郑律成这个名字，是这个新青年、新人物的郑重而确切的标志，它宣告，要在人类生存斗争的历史旋律中，作出有声有色的贡献。罗青这个与大地共沉浮的人，在滚滚浪涛中，中途碰到这个勇敢的小弟弟，好似增加了新的信心和胆量，也增加了一种责任感。

罗青过去也是无依无靠，落魄寡助，历尽坎坷。看到今天流落异国的爱国青年郑律成，一种思饥思溺、急人之难、引为己任之情油然而生。罗青拉他走进了那临湖傍柳、窗明座简的小茅屋，指点四壁，斗室两间，告诉他："这就是我的家，也就是你的家。以后除了学习音乐课业的时间外，只要出城就到这个家来。街口桥头那家'环洲饭馆'，就是我代饭的地方，我在或不在，你都可以去那里叫菜用饭。"

不久，南京几个进步青年发起成立"五月文艺社"。4月间，在一家报纸上刊登了征求同好的启事，罗青推荐郑律成参加这个抗日救亡团体。当时，有十几个爱好文艺的青年，主要是金陵大学、中央大学、国立戏剧学校，还有南京中学、汇文女中等校的学生，为了团结同好，联络友谊，学习写作，宣传抗日，发展爱国进步势力。其中，为首的邹趣涛是个刚失去关系的青年共产党员，列名的有万流、奚青鸟、罗健、谌先谟、高原、王坪等人。

5月1日举行成立大会。有团体会员（包括"鲁迅读书会"，"十月文坛"等十个团体）代表和个人社员约五十余人。选举常务理事一人为邹趣涛，理事游仪生、万流、郑律成、奚青鸟、许雅琴等共十一人。另外，由大会选聘张诺林（曾做过中共河南省委书记）、狄超白（南京中央大学经济系高才生，马克思主义《通俗经济学讲话》的作者）、侯文瀚（中大共产党员）和罗青等四人为顾问，并以罗青为首席顾问。大会还发表了"五月文艺社"的成立宣言。总发起人邹趣涛写了一首四句七言诗：

五月榴花艳艳天，中华碧血更鲜妍。

民仇国耻凭谁雪，时代青年勇向前。

郑律成看后，如获至宝，马上眉飞色舞，手挥足蹈，兴致勃勃地吟诵起来，并自告奋勇，决定替这首庄严的爱国誓词配上乐曲，取名为《五月之歌》。这也许是郑律成作为新时代的人民歌手所写的处女作。

郑律成在成立大会上，不仅唱了自己作曲的《五月之歌》，还唱了《义勇军进行曲》，唱得会场龙腾虎跃，斗志昂扬。大会结束时，在大家热烈的掌声中，又唱了一支朝鲜最著名而又动人的悲歌，叫《阿里郎之歌》。他首先做了一段生动的解说："我的祖国朝鲜故都汉城附近，有一座叫阿里郎的小山。在残暴的李氏王朝时期，这座小山顶上有一棵独立的大松树，树下就是几百年来执行死刑的刑场。"他悄声地说："就像南京城南的雨花台一样，先后有多少万名囚犯被吊死在这棵树的弯曲的权枝上，尸体挂在悬岩断壁上。其中有的是普通罪犯，许多是奋起反抗压迫的贫苦农民和同暴政作斗争的造反青年。传说有个在押青年作了这首歌，当他拖着脚镣走上阿里郎山受刑时就高唱此曲。以后这首歌代代相传。歌词也屡有翻新。"由于它优美而悲壮，所以三百年来一直为朝鲜人民家传户唱。这首歌有五六段，歌词已记不清，只隐约记得最后一段：

　　　　我现在已远离了故乡，

　　　　横渡鸭绿江，那三千里江山已不在望。

　　　　阿里郎，阿里郎，噢，阿里郎！

　　　　我正跨过阿里郎的山冈。

他唱得特别沉雄而悲壮，就和当时流行在长城内外、大江南北的"五月的鲜花，开遍了原野……"的流亡曲一样，引起强烈的联想和共鸣，激荡着热血青年的魂魄。无怪当年创办"五月社"并主持成立大会的邹趣涛回忆说："由于罗青在会上的讲话抓住了这批苦闷青年的心理，郑律成在会上即兴唱了一首朝鲜歌曲，南京的一批青年的战斗友谊就这样开始了。"在"五月社"全体社员干部和顾问之中，郑律成年岁最小，从邹趣涛起，都把他当小老弟看待，谁都喜欢他。

1936 年秋天，由于一度右倾的金若山发现郑律成与金奎光、张明、朴健雄等共产主义者在上海组织的朝鲜民族解放同盟来往密切，便中断了对他的资助。不能继续去上海学习声乐了，他只好回到花露岗自学音乐。郑律成的姐姐因为经济困难已携两个幼子回到了朝鲜，姐夫仍在中国坚持革命斗争。

郑律成在南京城里鸡鸣寺和北极阁的附近从师学艺、临时寄宿。人们经常看到他在凌晨拂晓时刻，站在山坡树丛前吊嗓练声，高歌不倦，或者拉练小提琴，弹奏曼陀铃。同时，他还从事健身锻炼，做柔软体操，跑步，也喜欢打台球、网球，还爱好中国的拳术。他的生活实践和兴趣是多方面的。他有时来玄武湖住宿，除了自己学音乐的时间外，平常就在"五月社"的社员和所联系的群众中，开展教唱救亡歌曲的工作。他在吸引和团结广大男女青年群众的工作中，比其他骨干分子起的作用大得多。他经常带领到玄武湖来的青年社员，用划船玩的方式弹着曼陀铃，或者自己边弹边唱，或者领唱伴奏，掩护会议或学习活动。

通过五月社，郑律成同南京文艺界进行了广泛的接触。当时以阳翰笙、田汉、马彦祥等为首的戏剧界，曾上演托尔斯泰的《复活》、《安娜·卡列尼娜》和曹禺的《雷雨》、田汉的《梅娘曲》以及阳翰笙等人编的戏。郑律成和邹趣涛、游仪生、万流等社友发动群众，前往观摩、欣赏，并因此先后交结了文艺界许多进步朋友。郑律成曾经陪着田汉夫妇和小孩，也陪任光在亚洲饭馆吃过饭，并划船游湖，向这些人请教。"五月社"也曾租用大游船在湖上举行周会或座谈会，用联欢形式进行救亡的政治思想教育，布置工作，总结经验，特别是曾举行过"国防文艺和大众文学"问题的讨论。记得在抗日救亡活动中，郑律成曾以朝鲜人当了亡国奴，十户人家只许合用一把菜刀等种种苦难事实，控诉日本侵略者的罪行和当"亡国奴"的悲惨命运。他说来到中国后发现，中国人民的自由比朝鲜人民也多不了多少。朝鲜的同胞被日本人强迫当翻译，当黑狗子，侵略中国打头阵，也和蒋介石强迫中国老百姓打红军、不打日本人一个样。有人说，他们朝鲜人口少，日本人口多，所以被日本亡国灭种。而中国人口比日本多，日本无可奈何。它吞下朝鲜养大了胃口，但要吞中国，就犹如蟒蛇吞大象，即使吞下肚，蟒蛇也活不了。因此用不着担心，中国亡不了。郑律成认为这种说法是很危险的。他说根据朝鲜人的经验，人口不在多少，国家民族不在大小，只要受帝国主义的统治奴役，变成殖民地，人民都一样要受苦受难。因此，他希望中国的工农、知识分子和最大多数的同胞，要亲密团结，万众一心，逼着蒋介石坚决抗日，中国才能得救，朝鲜也才能得救。郑律成还是一个演说家、鼓动家，他的言语和他的歌唱一样，有着生动的内容，热烈的感情，慷慨的节奏，动人的魅力。有个叫王冰的女社员很受启发和感动，说："郑律成是个亡了国的青年，真是伤心人别有怀抱，他的觉悟很高，是我们中国青年的好榜样、好战友！"

南京爱国青年自发地组织起来的"五月文艺社"工作开展了。社员曾参加了南京大专院校、中小学及机关、商店等各界爱国青年和民众包围萨家湾国民党外交部和长江路蒋介石的总统府的请愿活动，要求对日绝交宣战。游行示威的声势空前浩大。

这年的 10 月，得知上海成立了全国抗日救国联合会，罗青便代表"五月社"去和他们联系。临走时，他把玄武湖的家，托付给郑律成照料，这也是"五月社"在城外的一个重要联络点。哪知 10 月 21 日早晨，罗青从上海到镇江，下午搭车去江阴，当时就在江阴饭店被国民党的军警逮捕了。

这年 12 月 31 日，罗青被从南京金銮巷看守所押解苏州高等法院，与上海全国救国会沈钧儒、章乃器等七人并案受审。在苏州"十字监"七个月的囚禁生活中，郑律成是和罗青保持秘密通信的唯一战友。

→ 与冼星海相识

★★★★★

（23 岁）

1937 年 8 月 2 日，日寇大举进攻上海之际，罗青被释放，由上海回到南京，被国民党招待住中央饭店，郑律成也是第一个迎接他的。他们兴奋得热泪盈眶，拥抱若狂。郑律成连说："国民党又把我亲爱的大哥还给我

▷ 音乐家冼星海

了！"大概在第二天上午，住在中央饭店楼下的爱国音乐家冼星海和画家丰子恺来向罗青表示欢迎和慰问。冼星海兴致勃勃地谈起自己创作的《民族交响乐》和《救国军歌》，很谦虚地要唱给罗青听，征求意见。罗青说他是外行，并把郑律成介绍给冼星海："这是我的朝鲜小弟弟，他爱好音乐并正在寻师访友，勤学苦练。我们多找几个青年爱国朋友来共同欣赏和享受你这伟大的爱国主义和革命英雄主义的新乐章。以后更希望你对他多加指导、培育！"当下先由冼星海哼唱，年轻的郑律成当着冼星海唱起歌来：

　　　　枪口对外，齐步前进，

　　　　不伤老百姓，不打自己人。

　　　　我们是铁的队伍，我们是铁的心。

　　　　维护中华民族，永做自由人。

郑律成被雄壮的曲调激动着，用嘹亮的歌喉满腔热情地唱完了这支歌。冼星海听后大为满意，大加赞赏郑律成的男高音独唱。从在场的人们热情的目光和赞赏的神情中，看得出他们觉得郑律成美妙地表达和发挥了冼星海作品的艺术效果和光芒。从此，郑律成在音乐创作上得到了一位杰出的知音。冼星海从巴黎回国刚两年，已经投入到抗日救亡运动的洪流中，由他作曲灌制的唱片，打破了百代公司其他唱片销售的纪录。他叫郑律成到上海同他长期合作，灌制唱片，唱电影歌曲。他还提出要郑律成继续到上海学音乐的建议，郑律成欣然同意，他正可以借此解决面临的经济困难。

　　9月初，正是上海战争打得非常激烈的时候，郑律成来到黄浦江边，不料冼星海参加的演剧队已经离去，到江苏、浙江、河南等地去做宣传抗战的工作。郑律成住在杜君慧家里。杜君慧很喜欢眼前这个有抱负的纯真的青年，她向"小郑"介绍中国共产党的情况，介绍红军走过两万五千里的艰难路程，已经到达陕北，延安已经成了抗日救亡的心脏。杜君慧还让他参加上海的抗日宣传工作。郑律成即参加了上海大公电影戏剧读者会第五队，带队到街头去演唱和教唱救亡歌曲。他还参加了战地服务团，用歌声去慰劳伤兵，向人民进行宣传鼓动工作。他们唱《义勇军进行曲》、《打回老家去》、《大刀进行曲》、《保卫马德里》，唱得群众热血沸腾。可能受杜君慧的影响，他这时写了《战斗妇女歌》、《战时妇女歌》以及《发动游击战》等歌曲。

　　国破家亡的悲痛和中国抗日的烽火，促使郑律成渐渐成熟。他看出国民党实行不抵抗主义，把大好河山拱手让给了日本侵略者。他自己的祖国早已沦陷于日本帝国主义之手，眼下中国的领土也正被日本侵略军大片大片蚕食。年轻的郑律成决心到延

安寻找中国共产党，寻找真理。此时，在延安除抗日军政大学外，中央正在筹措经费成立陕北公学。郑律成的姐夫朴健雄和杜君慧郑重研究之后，都同意郑律成到延安去。杜君慧还带着郑律成到上海八路军办事处去，请潘汉年给他开了介绍信。

这时，国共已进入第二次合作，卢沟桥传来振奋人心的卫国枪声，形势的发展已使南京进入紧张备战的状态。罗青和郑律成本来商定先到临汾看看战争形势的发展再同去延安，约定在浦镇一个朋友和上海的杜君慧家为最后的联络和集合点。但是，由于八·一三上海战争的急遽爆发，罗青不想离开抗战前线到其他地方去。所以就和郑律成分手，让他去延安了。郑律成和姐夫、杜君慧一起撤到南京。他筹划去延安，但是缺乏路费。杜君慧又把他带到"七君子"之一李公朴先生那儿。李公朴先生慷慨解囊，立刻拿出30块银元。恰在这时，八路军总部高级参议、和"左联"关系密切的宣侠父，到旅馆看望杜君慧，听说郑律成要到延安去，也热情地为他向西安八路军办事处主任林伯渠写了介绍信。邹趣涛和"五月社"的一部分社友为郑律成饯别欢送，赠给他日记本、毛巾、牙膏等生活必需品。

一切准备就绪，郑律成即将去一个新天地了，他不能不留恋那些给他指明了航向的领路人。离开南京的那天晚上，夜凉如水，他在杜君慧家吃过晚饭后，把椅子端到院子里，让杜君慧坐下，他自己坐在石板上亲切地说："我就要走了，让我最后一次弹个曲子给你听吧！"惜别情依依，他弹起了心爱的曼陀铃，把他对同志的深切的爱、离别的惆怅，用激昂、悲壮、怀念的旋律倾诉出来。

就在这个时刻，大批平津爱国青年和东北、华北、西北等地的革命学生，不畏艰险，长途跋涉，奔赴延安，一时西安至延安六百多里的路上，人流滚滚，络绎不绝，他们成群结队，满怀激情，心向中国共产党，走上革命的征途。郑律成背着小提琴和曼陀铃，带着烫金字的精装本《世界名曲集》，迈着有力的步伐，行走在这支浩浩荡荡的队伍中。

人民军队的讴歌者

(1937—1945)

中国人民解放军进行曲

公　木词
郑律成曲

向前向前向前! 我们的队伍向太阳,

脚踏着祖国的大地, 背负着民族的

希望, 我们是一支不可战胜的力量

我们是工农的子弟, 我们是人民的

武装, 从无畏惧, 绝不屈服, 英勇战斗, 直到把

→ 《延安颂》创作的经过

（23—24 岁）

    1937 年 10 月，郑律成到达延安，进了陕北公学。1938 年初从 陕北公学毕业。毕业后，又进入刚成立的鲁迅艺术学院音乐系学习。

    郑律成经常抱着一支心爱的"小洋琴"（即曼陀铃），边弹奏边放声歌唱，畅快地抒发他热爱党、热爱毛主席、热爱革命圣地延安的感情。一次，延安城里开大会。散会时已是下午 5 时左右，郑律成和几位同学站在一起，眺望着动人的场面。郑律成对莫耶说："给我写个歌词吧！"他要莫耶写歌词，已经说过几次，但莫耶总想不出写什么好。这时郑律成一说，正引发了莫耶的满怀激情。眼望着延安庄严雄伟的古城，夕阳辉映着山上的宝塔，清澈的延河水哗哗地歌唱着，接着月亮也从东方升起，这一切美丽动人的景色，使莫耶心情激动。于是，就眼前的情景，他急急抽出笔来，把满腔的激情和感受，倾泻在小本子上，歌词写好，加上题目《歌唱延安》，交给了郑律成。郑律成看后高兴地拿走了。以后几天里，郑律成有时在他们窑洞门口低吟浅唱，有时他爬上窑洞顶的山头上，放声高歌。后来，他满怀激情地唱给莫耶听。就在 1938 年春天的一个晚上，延安城里礼堂开晚会，第一个节目就是《歌唱延安》，由郑律成弹着一把曼陀铃和女高音歌唱家唐荣枚齐唱：

> 夕阳辉映着山头的塔影，
> 月色映照着河边的流萤。

▷ 郑律成1937年10月到达延安，进陕北公学学习。手弹曼陀铃者为郑律成。

......

啊，延安！

你这庄严雄伟的古城，

热血在你胸中奔腾。

郑律成以饱满的政治热情迸发出激昂的歌声，为伟大领袖毛主席放声歌唱。毛主席和中央首长们微笑地倾听着。唱完后，毛主席高兴地鼓了掌。当时看到这情景，让人激动得热泪盈眶，郑律成感到很幸福。演出的第二天，中共中央宣传部要去了这首歌，后来又经中宣部改名为《延安颂》。

郑律成是直爽坦荡、热情洋溢的人，他多次应同志们和群众的要求，在晚会上、在群众场合中，放声歌唱《延安颂》。由于这首歌蕴涵着他那饱满的政治热情和精湛的艺术才能，曲调既抒情又充满雄浑的战斗气氛，使这支歌得以广泛流传到各抗日根据地，甚至流传到当时的国民党统治区和东南亚华侨中去。一次，郑律成的爱人丁雪松在路易·艾黎家和几位国际友人一起喝茶，谈到了郑律成。据马海德医生说，二战中，《延安颂》还传到了美国。在纽约，每当为抗战中的八路军募捐时，总要演奏聂耳的《义勇军进行曲》和郑律成的《延安颂》。他还诙谐地补充说，他从来都把郑律成呼做"啊延安"，而不叫他的真实姓名。朱子奇说，他访问美国时，曾到住在旧金山的老朋友、美国外交官谢伟思先生家做客。到过延安的谢伟思用半中半洋的曲调哼起《延安颂》来，说他在高兴或忧伤时，往往爱哼哼这难忘的曲子，它会给人安慰和力量。这支名曲解放后成为许多影剧中的主题音乐，几乎成了延安的代名词。1993年，它被评为20世纪华人音乐经典作品之一。

郑律成在写《延安颂》和《延水谣》时只有二十四五岁。他说，是延安那个抗日的环境促使他那么写的。他有一股强烈的激情，要讴歌凝聚了中华民族优秀子孙的革命圣地——延安，歌颂抗击日寇的中坚力量——人民的子弟兵八路军。强烈的时代责任感和音乐家的使命感，促使他谱出了那个年代的主旋律，反映出中国人民面对强敌顽强不屈的民族精神。他曾对作曲家时乐濛说过："如果我们不全心全意地投入抗战，不写部队，不用音乐来反映民族解放战争这一伟大时代，就会使我们的音乐史留下一大空白。"

　　1938年到1940年间，是郑律成创作的第一个高潮时期，他的大量有影响的作品都是这个时候问世的。其中有明朗优美的抒情歌曲，如《延安颂》、《延水谣》、《寄语阿郎》、《新山歌》、《生产谣》、《小布谷》、《黎明曲》、《北方行》、《草原曲》，等等，描绘了延安生活艰苦朴素却又生动活泼的方方面面。其中最具有代表性、最受欢迎的要算是《延安颂》和《延水谣》。郑律成创作《延安颂》时，还是鲁迅艺术学院的学生，到延安不过半年，就很快爱上了这座充满青春气息、朝气蓬勃的城市。就像他自己所说的："我日夜琢磨着，想写一支这样的歌，它应当是优美的、战斗的、激昂的，以它来歌颂延安。因为歌颂延安，就是歌颂革命，虽然当时我没有专门学过作曲，但革命的激情促使我拿起笔，写了《延安颂》的音乐主题，并请鲁迅艺术学院文学系的莫耶同志写了歌词，在歌词的基础上我发展了原来的主题，写成了《延安颂》。"

延安时期，郑律成创作得更多的还是威武雄壮的进行曲。郑律成关注着抗日战场上的每一片风云。那正是全民抗战、国共进行第二次合作的时期。他用极大的热忱讴歌八路军在敌后战场所创造的辉煌："首战平型关，威名天下扬"；也讴歌了彭老总指挥的"百团大战"；他还注视着国民党战区的变化，当武汉危急的时候，他写下了《保卫大武汉》；当他得知国民党空军驾驶员顽强向敌舰俯冲下去的时候，他写了《肉弹勇士》，歌颂他们为国殉职的浩然正气。他写了《十月革命进行曲》、《五月进行曲》、《百团大战进行曲》、《我们的进行曲》（又称《反内战进行曲》）等歌曲，其中最有影响、最著名的要算《八路军大合唱》了。郑律成那时已自鲁迅艺术学院毕业，分配到抗大政治部宣传科任音乐指导。

波澜壮阔的时代和党的培育使郑律成成为人民的歌手。但是仅有战斗的激情，仅有对人民满腔的热爱，还不能决定一个作曲家就能唱出人民的心声。郑律成曾经付出过艰苦的劳动，注意采撷民间音乐这颗"珍贵的种子"。他刻苦自学，背诵过许多世界名曲。刘勰曾说："操千曲而后知声，观千剑而后识器。"郑律成还在少年时期即酷爱民间歌谣和神话传说。在故乡，他为了能到舅舅家里去听世界名曲唱片而废寝忘食。他的舅舅和姐姐都曾希望他长大了能成为一个音乐家，郑律成在这方面也很有抱负。来到中国后，为了表示他决心献身于音乐事业并用优美的旋律来表达人民的心声，甚至把自己原来的名字富恩改为郑律成。后来在中国的南京、上海，郑律成又背诵了大量的世界名曲。直到晚年，他的听觉和记忆力都很强。一次在中央乐团创作组，有个年轻作曲家弹奏穆索尔斯基的一首变化音相当多的歌曲，郑律成竟能一个音符不错地从头唱到尾，使这个青年大为惊叹。

 ## 《八路军大合唱》的诞生

（24—26岁）

1938年冬，诗人公木和几个青年一同从瓦窑堡"抗大"第一大队抽调出来，派回延安，分配工作。听说要回延安，人人都是恨不腋下生双翼，两脚踏上风火轮。一路上餐风饮露，爬山越岭，总伴着快活的歌声。唱的最多的便是《延安颂》和《延水谣》。这些小调使他们轻松愉快，忘记了快步行军的疲劳。

到了延安，公木被分配到延安抗日军政大学文工团编导室，任务主要是编写歌词。科里有个同志来看他，中等身材，挺直腰杆，红面庞，两眼炯炯有神，人们管他叫"小郑"。说话间，公木才知道他就是郑律成，"抗大"音乐指导，《延安颂》《延水谣》的作者。"噢哟！还这么年轻啊！"想到他的歌已传遍整个陕甘宁边区，几乎人人都会唱，都在唱，都爱唱，公木不禁在内心里闪过这么一个念头。公木顺口提到《延安颂》和《延水谣》，说它们很受群众欢迎，在瓦窑堡街头上、山沟里到处能听到有人唱。郑律成有点儿不好意思地说："那只是习作，试作。"然后表示他还要努力向中国民族传统学习，向民间音乐学习，争取实践毛主席关于"为中国老百姓所喜闻乐见的中国作风中国气派"的指示。他对公木说："老张同志，以后咱们多多合作吧！"这样，他们就算认识了。话虽然没有谈多少，手可是握得非常紧非常热。

过了没有多久，公木被调到宣传科，搞时事政策教育工作。当时公木和郑律成一同住在延安南门外西山坳一个土窑洞里。

这是在 1939 年春。歌词，公木已顾不得写，完全把精力用在编写"时事报告提纲"上了。公木跟郑律成说："顾不得同你合作了。"郑律成说："不，还是要合作的，你去作报告，我去教唱歌。都是面向学员，配合行动，不也是合作吗？"于是，他们俩总要一道下连队。有时报告要以支队或大队为单位，郑律成更不放过机会，一定一同去，通过政治处的文艺干事和各俱乐部的文娱委员，组织声势浩大的歌咏活动。

群众歌声像烈火，郑律成就是一粒火种，他走到哪里，哪里就爆发出烈火般的歌声。每次集会，总是先唱，唱得群情激奋了，才开讲；休息时，又唱；讲完后，再唱；唱得尽兴，然后才解散。有一个连队的"墙报"上出了这样一首"顺口溜"：

坐地听报告，站起来唱歌。

说说唱唱，唱唱说说，

不知不觉晌午错。

晌午错，也不饿，

歌如潮，情似火。

△ 群众歌声像烈火，郑律成就是一粒火种。他走到哪里，哪里就爆发出烈火般的歌声。图为郑律成在指挥唱歌。

　　　身居窑洞里，心怀全中国；

　　　翘首登荒山，放眼看世界。

　　我们多亮堂，我们多快乐！

　　这年7月中旬，"抗大"总校教职员工万余人在校首长罗瑞卿同志率领下，东渡黄河，开赴前方。政治部宣传科只剩下郑律成和公木，说是调转到即将在延安成立的"抗大"三分校政治部宣传科工作。三分校政治部各科室人员，一时还没有调配齐全。有一天，郑律成告诉公木，他翻了翻公木抄在本子上的全部手稿，把《岢岚谣》作了曲，公木很惊讶，近二百行的长诗，能唱吗？郑律成说，还想谱《子夜岗兵颂》，这是公木半年前在"抗大"

一大队做学员时写的一首短诗，登在连队墙报上。诗中反映了他深夜站岗放哨的一点感受。郑律成把它拿去不声不响为它制谱，用咏叹调写成了一首独唱曲，然后用他那带着浓重朝鲜族音调的清亮歌喉唱给公木听，公木既惊奇又高兴，紧紧握着他的手说不出话来。以后郑律成就经常催促公木，要公木作词供他写曲。郑律成说："你是从前方来的，让我们携手合作为八路军歌唱吧！"他进一步建议："咱们也搞一部大合唱吧！""什么大合唱？""当然是《八路军大合唱》啦！"经他一再鼓励，并且提出命题，点出题目："军歌、进行曲、骑兵歌、炮兵歌，再添一篇快乐的八路军，岗兵颂也算一篇，总共七八篇或八九篇就够了。"渐渐把公木的信心也煽动了起来，就这样，便动手了。歌词部分倒没有多费力，只用了三四天工夫就完成了。它包括《军歌》、《进行曲》、《快乐的八路军》、《子夜岗兵颂》、《骑兵歌》、《炮兵歌》、《军民一家》、《八路军和新四军》等八支歌，要的就是这个"八"字。从命题构思，到谋篇造句，诗人和作曲家两个人紧密合作。先前是郑律成为公木现成的诗篇作曲，这回是公木为郑律成预成的曲子作词，所以处处得听郑律成的。郑律成要求：《骑兵歌》要写出马蹄嘚嘚前进的脚步声；《炮兵歌》要写出轰隆隆震天响的气势；《进行曲》要长短相间，寓整于散，要韵律谐和，节奏响亮，中间还要并排安插上三个四字短句。二人反复推敲，用心良苦。

公木每写成一篇词，郑律成就拿去作曲。没有钢琴，连风琴也没有，只是摇头晃脑地哼哼着，打着手势，有时还绕着屋当中摆的一张白木楂桌子踏步转悠。意识到公木在带着笑意注视他，他就走出窑洞，躲到河畔或爬上山坡去"创作"。制谱似乎比作词更费斟酌些，他也经常用鼻音哼哼出一个调儿来，征求公木的意见。作曲的时间拖得比较长，大约到8月底9月初，全部编曲才算完成了。他说："给词作曲，如同为虎生翼。"公木说："为虎生翼，不是一个好句。"他笑道："不管它。咱们的虎，是吃日本鬼子，吃反动派的虎。生了翼，更凶，更猛，更厉害，有什么不好？"当郑律成把"翼"生出，抗大三分校已经正式开学，公木搬到三分校政治部住，继续搞时事政策教育工作，郑律成却调到鲁迅艺术学院音乐系做教员去了。但是郑律成虽然离开"抗大"，还是经常回来教歌。三分校的每个连队，无论在行军途中，无论在集合会场，到处都在唱："铁流两万五千里，直向着一个坚定的方向。""向前，向前，向前，我们的队伍向太阳。""北有黄河，南有长江，波涛滚滚流向东方。"1939 年秋冬，果然他们的歌像猛虎下山冈，由后方扑向前方，在有八路军的地方，几乎无人不唱进行曲，无人不唱军歌。这嘹亮的歌声在延安的山山岭岭回环荡漾着。在这年冬季，《八路军大合唱》由鲁艺音乐系油印成册，还在中央大礼堂组织过一次晚会，由郑律成亲任指挥，进行专场演奏。此后不只抗大学员唱，各机关、部队、学校也都传唱起来。

由于这组曲子在激励部队斗志上所起的无与伦比的作用，部队的老同志、老首长都很喜欢和尊敬郑律成。朱老总知道他喜欢打猎送给他一支步枪；毛主席听说一批朝鲜革命同志从苏联来到延安并分到三五九旅，特地叮咛王震同志："让鲁艺那个有才华的作曲家郑律成和新来的朝鲜同志讲讲话嘛！"总政治部宣传部部长肖向荣专门邀请公木和郑律成吃了一顿红烧肉，并敬了三杯酒，他高兴地说："一杯酒祝你们继续合作并取得更大战果；二杯酒祝你们更认真地向工农群众学习；三杯酒祝你们再接再厉写兵，并且为兵写！"肖向荣的这番嘱托，可以说郑律成服膺了一辈子，直到他逝世的那天早晨，他还对家人说准备写纪念建军50周年的大型作品。

《八路军军歌》和《八路军进行曲》便正式刊登在《八路军杂志》上，这表示军委正式认可了它们。《八路军大合唱》在后来延安举办的"五四中国青年节征文评奖"活动中，荣获"音乐甲等奖"。后来，公木还与郑律成约好共同编写一个反映冀南抗战的歌剧。只完成了一个序曲，郑律成便离开延安去前方，公木也调离抗大政治部，计划中断了。以后三十多年间，不曾再凑到一起工作过，每当相逢，总不免回忆起这次未完成的合作，觉得是件憾事。

《八路军大合唱》中的《八路军进行曲》，不只在抗日战争中传唱在我军的战场上，它还跨越时空，在解放战争时期改名为《中国人民解放军进行曲》，发挥了更大的威力。数以百万计的解放军战士就是唱着这支歌攻城陷阵，击垮蒋家王朝的。辽沈战役中，我军解放东北重镇沈阳时，入城的战士们唱的就是这首歌；进军西藏时，伴随我部队前进步伐的，也是它刚健有力的旋律。郑律成后来在一次讲话中讲到他创作这一歌曲的情形："我们八路军那么大的一支队伍，开向前方和日本鬼子作战，得拿出点气魄来，就加上了：向前，向前，向前！……一下子抓住了主题，气魄就出来了。这么写是因为生活里有那么一股激情。"难怪有的同志评价说：他塑造的不是游击小部队的形象，而是大兵团的形象，有着排山倒海的力量。

相识夕阳河畔

★★★★☆

（24-27岁）

　　那是 1938 年春天的一个傍晚，刚从鲁艺音乐系调来抗日军政大学的郑律成与"抗大"女生队几个同志到延安北门外散步，西下的斜阳为山山岭岭涂抹上一道金色的霞光。延河水浮光掠金，欢快地流淌着。

　　在延安，郑律成是个相当活跃的人物。晚会上经常有他的节目，十分独特：嘴里吹着口琴（用铁丝把口琴系在头上），怀里弹着曼陀铃，脚下踏着打击乐器，一身而三任。有时他引吭高歌，那洪亮抒情的男高音，具有一种感人的魅力。"抗大"的女生早就认识他了，现在他近在眼前，女生队大队长赵玲介绍队员们一一和他相识。她们对他的印象都很好。其中有一位女同志叫丁雪松，就是后来郑律成的爱人，也是中国第一任女大使。当时还是 20 岁的丁雪松加入了共产党，在抗大读书。她从小生活在单亲家庭，父亲在她未出生的

时候就患病去世了，童年过得很苦涩。聪明伶俐的她与命运抗争，逆水行舟到重庆求学，强忍着病痛，坚持读书。后来考进银行，在多家报纸上发表文章讨论职业青年的前途问题，在社会上取得一定反响，认识了一些志同道合的有抗日救亡的爱国之心的人。西安事变、卢沟桥事变后，她先后参加了"职互会"、"妇抗会"、"救国会"等，走上了革命的道路，不久被发展成党员，来到了延安。

后来他们在抗大的干部会上也常常见面，在延安，郑律成在巡回教唱歌曲时，自然也常到丁雪松所在的女生队来，并且越来越勤。偶尔错过了开饭时间，她们几个队干部就留他在队部用餐。

临近冬季，黄土高原越加显得空旷荒凉，山坳里的草木早已凋零，来自塞外的寒风一阵阵扑打着窗扉。一天，丁雪松回到她住的队部那间窑洞，隐隐约约地感到屋子有些变化，临窗的桌子收拾得很整齐，原来摆在桌上沾着红印泥的图章，被擦得干干净净。又过了几天，窗台上摆了几枝干花，是谁放的呢？有一天，她忽然看见桌子上整整齐齐地摆着两本书，一本是《安娜·卡列尼娜》，一本是《茶花女》，上边留了张字条："送给小鬼女军官。"下边落款是郑律成。丁雪松这才恍然大悟，原来窑洞的种种变化，都是他花了一番心思的。那一阵子，延安的青年们正风行看世界文学名著，她也想找来看，只是还未顾得上。现在书送上门来，丁雪松只有利用晚上的一点空余时间，对着那盏小油灯看完了。茶花女玛格丽特和安娜·卡列尼娜的悲惨命运深深地打动了她。没过多久，大约估计她已把书看完，郑律成露面了。

郑律成腼腆地说，很早就注意到她了。他曾站在附近的山坡上，看丁雪松系着皮带，打着整齐的绑腿，神气地在女生队队部进出。在听报告或开会的场合，又见她十分严肃，不苟言笑，始终不敢接近她，所以先送些干花、书籍做个试探。他很诚恳地说："我们交个朋友吧。在女孩子中，你很突出，精明干练。你不是那种轻浮的人，很有分量。"

他们的交往就这样开始了。郑律成向丁雪松倾诉了自己丧家失国并颇有些传奇色彩的身世，使丁雪松对他产生了深深的同情。

郑律成向丁雪松倾吐了自己的身世，丁雪松也把自己在重庆从事革命活动的情况告诉了他。抗日救亡的热情沟通了他们

的心灵。他们同样热爱自己的祖国，憎恨蹂躏他们大好河山的日本帝国主义者；他们都是血气方刚的青年，有着相似的遭遇；又同样喜爱音乐，同样阅读过一些世界文学名著，他们之间有许多共同语言。1939年元旦前夜，丁雪松送给郑律成一张印有丁雪松图案的贺年卡，他非常激动地告诉他年轻的伙伴："我找到一个志同道合的伴侣了。"他指着桌上那张冬雪覆盖着松树的贺年片，欣喜地告诉朋友，让别人也分享他那愉快的心情。从那时起，他们常常一道在延河边漫步，谈论过各种问题，大到当时世界局势、抗日战争、国家的前途，小到他们在工作和生活中碰到的一些问题。他们讨论过《茶花女》，认为阿芒和玛格丽特纯真的爱情是值得同情的，为他们的悲惨结局感到惋惜。他们也谈到共同爱好的音乐。郑律成把他在上海参加音乐会演出世界名曲时拍的照片拿给丁雪松看，他穿着笔挺的黑色西装，扎着领结，显得英俊而潇洒。

1939 年 1 月间，郑律成在抗大加入了中国共产党，他赶忙跑来，高兴地把这个好消息告诉了丁雪松。当年 5 月，他转为正式党员。但是明朗的天空，很快飘过来一层浓重的乌云。有关部门领导得到通知，提到朝鲜人情况复杂，今后不仅不再吸收他们入党，已经入党的也停止党籍。延安只有个别几个人例外，一个是和中国工农红军一起参加过长征，当时是八路军炮兵团团长的武亭；一个是正在中央党校学习的王巍（即朴一禹）。郑律成也被叫去谈话，提到他在南京、上海的那段历史，需要向组织认真交代，他怎么去监听日本人电话的、收取的情报送到哪里了、他同朝鲜民族解放同盟的几个主要领导人有何关系，等等。这突如其来的一记重锤击得他目瞪口呆，百思不得其解。他一向把监听日本人的电话当做自己参加抗日斗争的光荣史，并不止一次地在自传中写过。朝鲜民族解放同盟原来是从金若山领导的朝鲜民族革命党（由义烈团改组而成）分离出去的一个"左"倾进步的组织，几个主要领导人都参加过广州起义，信仰共产主义，怎么也不对了？中央组织部部长亲自过问其事，向他指出："因为你写了《延安颂》等歌曲，表现比较好，所以现在还保留你的党籍。但是你必须就上述问题向组织上说清楚！"郑律成问丁雪松该怎么办，丁雪松也很为难，只能劝他：历史总会弄清楚的，要相信党，相信组织。她也是爱莫能助。

7 月间，抗大总校迁赴前方，郑律成调回鲁艺担任声乐教员，女生队大部分人员合并到延安"中国女子大学"，丁雪松进"女大"高级研究班学习。丁雪松因同时兼任女大校俱乐部主任，为组织全校体育文娱活动，特别是 1940 年的三八节、校庆等演出活动，同延安体育界和鲁艺音乐、戏剧系的同志有不少接触。但是同郑律成的往来却不像过去那么自由了。女大校领导发现丁雪松和郑律成来往密切后，特派她的两个老搭档，也是高级班同学王珏（后改名王东瑜）和彭克来找她谈话，苦口婆心地劝她，说朝鲜人情况复杂，政治上不一定可靠，要慎重对待。丁雪松知道他们是一番好意，也把她知道的郑律成的情况向她们做了介绍，结果她们倒同情起丁雪松来。此后，学校政治处副处长、刚从苏联回国的林纳也找丁雪松谈话，她语重心长地叮咛她，要保持政治上的警惕，最好和郑律成一刀两断。最后，女

△ 1939年2月郑律成在女生一队指挥唱歌，左二为队长丁雪松。经过三年交往，他们于1941年12月结婚。

大副校长柯庆施亲自出面找丁雪松谈话。此后无形的压力产生了，他们不敢公开来往了，只好把各自的心事、相互的爱恋写在日记里，交换着看。

丁雪松在内心里相信郑律成，一个纯真热情、有志于革命的青年，不是什么"坏人"。如果他是"坏人"，会写出那样饱含革命激情的歌曲么？如果他是"特务"，会如此赤诚地赞颂革命圣地延安、赞颂我们的党和八路军么？1938年和1939年正是郑律成音乐创作上的高潮时期。《延安颂》《延水谣》《保卫大武汉》《生产谣》《寄语阿郎》《十月革命进行曲》《八路军大合唱》，等等，一首又一首激昂澎湃的乐曲从他的笔下迸发出来，在古老的延安城里回荡。丁雪松喜爱郑律成写的歌，也喜欢他那嘹亮、抒情的歌喉。这个富有才华的青年音乐家使她割舍不下。他早已饱尝了丧家失国的悲痛，如果在这个时候她和他中断关系，对他该是多么沉重的打击！丁雪松不忍心抛弃他。真是"剪不断，理还乱……别是一般滋味在心头"。

苦闷，苦闷，他们只好等待着，期望总有一天能把他的问题弄个水落石出。

光阴荏苒，转眼到了1941年初，郑律成和丁雪松断了音信，但是他们一直相互思念着，每到这个时候，他就不由自主地哼起寄寓深情的歌曲《寄语阿郎》：

延河水长又长，

弯弯曲曲到前方，

多劳流水寄相思，

带个信儿给阿郎……

正在这时，八路军炮兵团团长武亭同志从前方赶回延安参加会议。武亭是参加二万五千里长征幸存下来的一位朝鲜同志，党非常信任他。武亭的到来，是郑律成和丁雪松关系的一个转折点。武亭特别喜欢郑律成，把他当做自己的小弟弟。当他知道他们二人恋爱中的波折后，立即找丁雪松做工作，他说他很了解郑律成，并且还认识他的大哥和二哥："郑律成没有问题，他的家是革命的家庭。我和他二哥还在一个支部过过组织生活哩。"他劝丁雪松不要再犹豫。武亭还热情地拉他们俩一道拍照，丁雪松仍有意地回避了。等到边区参议会开完，组织上派丁雪松到新选举出来的边区政府副主席李鼎铭先生那儿当秘书。

那是个日朗风清的上午，丁雪松向中央组织部的窑洞走去，恰好陈云同志在。丁雪松鼓起勇气对这位可敬的领导说："我有一个私人问题想请示一下组织的意见。郑律成在政治上有没有问题？"

"到现在为止，没有任何材料说明他有问题，但是也没有任何材料证明他没有问题。"陈云同志回答得模棱两可。

"在边区参议会上，我遇到武亭同志。听他说，他熟悉郑律成的家庭，他可以保证郑律成没有问题。"

"哦，是这样。"陈云同志未置可否。

"我和郑律成交往已有三年，彼此感情很好。请示组织我是否可以和他结婚？"

陈云同志看了丁雪松一眼，笑笑说："你们自己决定，组织上不予干涉。"

一天又一天，秋去春来，长空的雁阵几度往还。郑律成和丁雪松期待了三年之久，总算盼来了幸福的一天。丁雪松把这个好消息告诉了郑律成，他兴奋异常，眼里射出火热的光芒。他们决定立刻举行婚礼。

郑律成此时正患肺结核，在山里休养。

他一把拉住丁雪松说："走，你跟我一块打猎去！"他用朱老总送给他的那支步枪打过不少野味，延安附近的山山峁峁他几乎走遍了，鲁艺不少师生都吃过他猎获来的黄羊、野鸡、野兔……他们携手走进白雪覆盖的深山，那是一片耀眼的白银般的世界，空气清新，明亮无比。郑律成搂着丁雪松的肩头喃喃地说："你的心就像这白雪一样纯净，又像水晶一样透亮。能赢得你的心，我要算是世界上最幸福的人啦！"不久，他嘘了一声，看着雪地上野兽的足迹拉着丁雪松悄悄跟踪而去。随即扣动扳机，只听"砰"的一声，远处的黄羊应声倒地，丁雪松刚要跑过去，他又拉住她："不忙，这是一只雌性的，一定还有一只雄性的在附近。"果真如他所说，他射中了两只黄羊。他们高兴地把它们拖下山来。

他们用一只黄羊和老乡换了黄米和红枣，做成年糕，另一只烤成羊肉串，用它们来招待客人。婚礼是在鲁迅文学艺术学院的一间大平房举行的，由周扬同志主持，武亭同志也参加了。鲁艺的同志们和一些热心的朝鲜同志装饰了松柏树。扎上五彩缤纷的纸条。天下有情人终成眷属，他们几经周折，终于结合了，时间是 1941 年 12 月。

太行山上的歌声

★★★★★
（28—30岁）

1942年2月，延安开展整风运动。5月，郑律成参加了延安文艺座谈会，聆听了毛主席的讲话。8月间，他随武亭同志去太行山，那是在晋东南，离八路军总部不远的地方。虽然他患着肺结核，还是毅然地去了。那时他心情不太好，因为组织上一直怀疑他政治上不可靠，他也隐约感到有人在监视他。行前对丁雪松说："我就是死也死在前方！"他走后，他们就断了音信，不知哪年才能相见。

当时在太行山敌后根据地的朝鲜同志，有一百几十个人。他们一部分是原来在我军工作的，另一部分是从国民党区域来的，还有些是从日本占领区跑过来或战斗中俘虏来的。他们的政治组织是朝鲜独立同盟，军事组织是朝鲜义勇队。此外，还开办了朝鲜军政干部学校，训练来自敌占区的朝鲜男女青年。郑律成是同盟和义勇队的负责人之一，

△ 1942年8月，郑律成化装成农民由延安去太行山，任太行山八路军"华北朝鲜革命军政学校"教育长。

并兼任军政干部学校的教育长。他肩上的担子很沉重，整天忙个不停。因为这些朝鲜人中，情况比较复杂，思想问题很多，还发现过敌人派进的特务。所以既要对他们进行政治思想教育和军事训练，又要很慎重地对他们进行审查。在敌人进犯的时候，还要率领他们转移和作战。

当时，领导上指定唐平铸在工作上和朝鲜同志联系。有一天，唐平铸去到他们驻地——离麻田镇只有八九里地的污黩村一带，传达野政《关于开展对敌政治攻势的指示》。指示的大意是：太平洋战争爆发以后，日寇为了把华北变成它的"圣战基地"，一方面对我根据地进行疯狂的"扫荡"和惨绝人寰的"三光政策"，同时，在其占领区和我游击区进行所谓"治安强化运动"，残酷镇压敌占区人民以巩固其反动殖民统治。针对这一情况，我军除了以主力继续和前来"扫荡"的敌人作战以外，另抽出一部分部队，配合地方武装和民兵，组织若干支精干的武装工作队，深入敌后之敌后，开展强大的对敌政治攻势。在有利条件下，要寻机打击和消灭敌人。

朝鲜同志听了传达以后，非常兴奋，表示要和八路军一道，积极开展对敌政治攻势。他们有许多人会讲日本话，对日本侵略军的情况比较熟悉，正好运用这些特长去参加这项活动。

大约在1943年的秋天，郑律成参加了武工队，到山西、河北交界的元氏、赞皇一带活动。郑律成参加八路军的武工队，里面有三个朝鲜人、

▷ 1942年9月郑律成与武亭（右一）、太岳分区二十一军分区司令郭庆祥（中）在太行山合影。

△ 郑律成在太行山

一个日本人。他们深入敌占区，多在夜间活动，每到一地，就用石灰、锅灰调水在墙壁、电线杆和大树上用中朝日文涂写标语，张贴人民政府布告，散发宣传品，教儿童唱革命歌曲。到了深夜，三五人一组，对敌伪炮楼喊话。有一次，他们过平汉线，通过伪军关系，约好双方在铁路附近打几枪，并把鸡血洒在地上，欺骗鬼子，掩护武工队安全过路。后来郑律成还以那次经历为蓝本写了一个剧本。

那时敌特活动很猖獗，武工队的活动有时被敌人发觉，有遭到敌人伏击的危险。郑律成和八路军武工队的干部经过研究，发现某村一个卖中草药的人形迹可疑，后来确证是敌人安的一个点。郑律成亲自带领几个战士，把那个家伙抓住了，还从他口里了解到附近一个庙里的和尚，也是敌特。通过武工队终于把这些特务搞掉了。

由于敌人的残酷"扫荡"和连续几年的灾荒，敌后根据地军民遇到了极大的困难。我们常说"小米加步枪"，但是，那时只有逢年过节会餐的时候，才能吃到小米，平时吃的都是玉米、黑豆、红高粱，加上一些野菜，煮成糊糊，缺油少盐，难得一饱。为了减轻人民负担，坚持敌后抗战，党中央号召根据地军民开展大生产运动，做到"自己动手，丰衣足食"。朝鲜同志也积极响应党中央这个号召，开展生产运动。

朝鲜同志吃苦耐劳。他们在驻地附近的山坡上，开了许多荒地，种了玉米、谷子和土豆、南瓜、西红柿、辣椒、白菜、豆角等。郑律成除了参加集体生产以外，还在自己门前种了一小片菜地。收获后三成归己，七成交公。他笑着对同志说："我钓上鱼交公，一斤可以顶十斤菜。"他们还在驻地开商店、理发店、医务所，组织长途运输。所得盈利补助组织的经费，并分一部分给个人。朝鲜女同志也参加长途运输，她们头顶上百斤的粮袋，简直像玩杂技一样，每经过一地，引起人们的鼓掌喝彩。郑律成工作忙，身体又不大好，组织上不让他参加长途运输等重体力活，以到伙房做饭、喂猪、割草、打柴等项代替。

郑律成不仅在政治上很坚强，在音乐方面有很高的造诣，而且在生活上可以称得上是一个多面手。物质条件再困难，他总是带领大家搞得热热火火的。

有一次，唐平铸在他们那里工作晚了，郑律成让唐平铸留下，住在他那里。郑律成住的是一间小小的房子，土炕占去了房子的一多半。炕上放着一床单薄的黄色军被和一个当枕头用的小包袱。用白纸糊住的小窗子旁边，有一个砖头垒起的"桌子"，上面放着一些书报和文具。地上还堆了许多渔网、绳子和鱼钩等物。唐平铸好奇地问他："你还搞鱼吗？"他笑着说："吃罢晚饭到清漳河钓鱼去，改善改善生活。"饭后，他领唐平铸走到河边。先在沿岸石头缝里捉了一些小蛤蟆，一个个穿在一条十几丈长的绳子系着的许多鱼钩上。他把绳子的一端绑上石头，自己蹚到齐腰深的河里，慢慢把石头沉了下去。绳子的另一端牢牢地拴在岸边的一块大石头上。晚上郑律成和唐平铸挤在一床被子里，天南海北地谈了半宿。第二天天不亮，他把唐平铸叫醒，说是收鱼去。唐平铸对于他用这种办法钓鱼，是半信半疑的。可是，当他慢慢把绳子拉近岸边时，果真看见鱼钩上挂着两条三四斤重的鲇鱼在那里挣扎。真是让人又兴奋又惊奇。他把那条大些的送到伙房给大家吃，另一条，他们两人美美地吃了一顿。从那以后，他们常常到河里去钓鱼。1944年他回延安时，把那套自制的渔具送给了唐平铸，唐平铸也学会了钓鱼。郑律成生活很有情趣，非常乐观，什么困难也吓不倒他。除了钓鱼以外，他还做了些像老鼠夹子的东西，放在山坡上夹野鸡、野兔。

郑律成虽然出生在朝鲜，年轻的时候来到中国，接受共产主义思想，参加了中国人民的革命斗争，对中国的感情非常深厚，对中国共产党和毛主席无比热爱，对战友们十分尊重。他和太行山的同志们相处的时间不长，但已经结下了难忘的友谊。

他在音乐方面所以取得巨大的成就，是和他对共产主义事业的坚定信念，和他多方面斗争实践所形成的深厚的生活基础分不开的。

郑律成为共产主义理想奋斗的一生，本身就是一首充满革命激情的战歌。

回到延安回到家

★★★★★

（30岁）

　　当时郑律成去太行山的时候，他的妻子丁雪松正有身孕。因为生存环境艰苦，她在积雪的山坡间行走滑倒，摔了一跤，导致早产，他们的女儿未足月即降生了。本来丁雪松身体就不好，患有淋巴结核，每到春季就患感冒不止，加上当时生活条件艰苦，孩子生下来还不到5斤，先天既不足，后天又失调。她与诗人何其芳的夫人同在一个窑洞休产假，何其芳每天都给夫人端来鸡汤补充奶水，问寒问暖关怀备至。相形之下丁雪松感到十分孤单。不知郑律成现在何方。假如他在，又有一身捕猎本领，哪里会断了送羊肉、鸡汤来？边区政府秘书长李维汉同志知道丁雪松的艰难处境，曾送了点饼干来，表示慰问。月子里，组织上为丁雪松另外找了间窑洞，又派了一位只有一只右胳膊的红军战士照顾她。他帮她打水、生火、煮面条，还端着盆到河边洗洗涮涮。这种淳朴、诚挚的革命同志的友爱和帮助，使丁雪松铭记在心，永难忘怀。40天过去了，丁雪松没有乳汁喂养女儿，无奈只好卖掉了郑律成心爱的小提琴，换来了一只带着羊羔的母羊。这只母羊伤透了丁雪松的脑筋。它要把奶留给小羊羔吃，所以必须把母羊与羊羔分开。隔离之后，母羊又不安静，冲开破栅栏满山乱窜，还要去寻找。挤奶也很困难，要用一条腿紧紧别住母羊的一只后腿，很吃力地把奶挤出来，稀释后喂养婴儿。为了纪念失去的小提琴，丁雪松给女儿起了"小提"的名字。上班后找了个当地的婆姨来带孩子。那个人极不负责，经常把孩子反锁在屋里就跑了。丁雪松中途回来进不了窑洞只好破窗而入，可怜几个月大的孩子半睡半醒，屎尿一身。小提半岁时，丁雪松到边区政府行政学院参加整风审干。班上只她一人带着孩子。不久，孩子又得了百日咳，弄得她十分狼狈。

正在这时，郑律成出人意料地从前方回来了。他神采奕奕，腰间扎着皮带，挎着手枪。看到他，丁雪松真是喜出望外。这已是1944年春天，孩子快满周岁了。

郑律成望着自己从未见过的小女儿，十分疼爱。他们互相倾诉了一段别后的经历。他告诉丁雪松，聚集在太行山的朝鲜同志，组织了朝鲜独立同盟、朝鲜义勇队、朝鲜革命军政学校。武亭同志任军政学校校长，他担任教育长。主要任务是培训从敌后来的朝鲜青年战士，有时参加战斗，有时做锄奸工作，还曾深入敌后做瓦解敌军的工作。郑律成对这一段生活印象极为深刻，多年后还以此为题材创作了一个《敌后武工队》的剧本。他说朝鲜同志在前方作战十分勇敢，牺牲了不少人。党中央为了爱护朝鲜同志，保存有生力量，决定全体人员撤回延安，并把在延安和从前方回来的朝鲜同志集中在罗家坪，由他们自己发展党员，培训干部，整顿组织，发展革命队伍，积蓄革命力量。

据当年在太行山军政学校的朝鲜族同志回忆：就是在战火纷飞的日子里，郑律成也没有停止乐曲的构思和创作。他谱写了《革命歌》等歌曲，在华北、东北朝鲜义勇队战士中广为传唱。他教大家唱《怀念着的江南》，歌词很美，大意说：春天来了，飞到江南的燕子又回来了。大家快走吧，到江南去。江南在哪里？谁知道。心里怀念已有十多年……他在教唱前，满怀深情地解释说："现在我们的祖国被日本人统治着。但要不了多久，春天还会来到人间的。"他甚至还弄到一台唱机，在学习、战斗、生产的间隙，讲解一些世界名曲，以丰富大家的文化生活。

郑律成的生活能力很强，在勤务员的帮助下，他弄了两只母羊来喂养女儿。后来小提得了痢疾，上吐下泻，奄奄一息，在外地工作的丁雪松得到消息骑上马，一路快马加鞭地奔驰而回。从安塞到罗家坪，足有 110 里。到达郑律成那间简陋的窑洞时，她全身都被汗水浸湿了。在油灯下，看见孩子骨瘦如柴地躺在小床上，发着高烧，母亲的心一阵紧缩，难过得直要落泪。还不到 1 岁半的孩子，刚患过百日咳，又患痢疾，真是多灾多难啊！可丁雪松是调查组的组长，工作哪能丢得下？正当她束手无策、不知怎么办才好时，郑律成安慰她说："你去吧，我来管孩子。"第二天，丁雪松牵肠挂肚地上了路，策马赶回安塞。后来郑律成弄来了注射器，把从敌后带回来的退烧药给孩子注射，小心地加以护理。说也奇怪，郑律成七弄八弄，居然把孩子救活了。

到了 1945 年春天，郑律成自己动手，在房前的空地和山坡上种下了西红柿、西瓜。郑律成在太行山时生活条件极其艰苦，平时只能吃些杂合面糊糊和南瓜汤。那时，他就自己种西红柿、辣椒，上山挖野菜，下水捞鱼来改善大家的伙食。

在朝鲜的日子

(1945—1950)

→ 一路艰险

★★★★★

（31 岁）

　　胜利的脚步声渐渐临近了。1945 年 8 月，继美国向日本广岛、长崎投下两颗原子弹后，苏联也于 8 月宣布对日作战。毛泽东就此发表声明表示欢迎，并指出："对日战争已处在最后阶段，最后战胜日本侵略者及其一切走狗的时间已经到来了。"8 月 10 日，延安电台报道了日本通讯社发表的日本表示向盟军投降的消息。那天晚上 12 时起，延安八路军总部连续发布了"受降及配合苏军作战"的七号命令。其中第六号命令是朱德总司令于 8 月 11 日 12 时颁布的：

　　为配合苏联红军进入中国及朝鲜境内作战，解放朝鲜人民，我命令：

　　现地华北对日作战之朝鲜义勇队司令武亭、副司令朴孝三、朴一禹立即统率所部，随同八路军及原东北军各部向东北进兵，消灭敌伪，并组织在东北之朝鲜人民，以便达成解放朝鲜之任务。

聚集在罗家坪的朝鲜同志紧急集合听了传达。朝鲜革命军政学校当即宣告停办，全体人员均按朝鲜义勇队编制准备进军东北。以金枓奉为首的朝鲜独立同盟与义勇队一起出发。郑律成也将随朝鲜同志一道回国。他兴致勃勃地到西北局来找丁雪松，告诉她这期盼已久的喜讯。他征询她的意见："咱们一道去朝鲜喽，怎么样？"他很怕丁雪松留恋故土，不愿与他同行。"那当然，还用问？"丁雪松的回答干脆、明确，使他欣喜非常。那时，他们都非常单纯，受党多年的教育，是以解放天下为己任的。丁雪松说，律成自小离家，到中国来参加抗日斗争，现在曙光已经来临，她难道不该跟他一块儿回去，迎接朝鲜的解放么？

8月15日，日本天皇宣布无条件投降。消息传出，延安城顿时沸腾起来，锣鼓喧天，爆竹齐鸣，人们欢呼雀跃，把衣服、帽子抛向天空。卖水果的老乡把筐里的沙果、梨也掷向欢乐的人群，小贩高呼："不花钱的胜利果，随便吃哟！"人们奔走相告，手拉手地扭起了秧歌。入夜，人们燃起火炬游行，点起一堆堆篝火，彻夜狂欢。八年的艰苦抗战终于胜利了，中国再也不是东亚病夫了！狂欢持续了三天。

这时，在朝鲜同志聚集的罗家坪，丁雪松正和郑律成一起打点行装准备远行。8月15日的夜里，紧急集合的哨声响起，朝鲜革命军政干部学校的全体师生集合在校部门前的广场上。

军政学校副校长、义勇队副司令朴一禹激动地向大家宣布："同志们，我们胜利了！今天日本天皇宣布无条件投降！"语音刚落，几百个朝鲜同志彼此拥抱，并高呼口号："朝鲜独立万岁！""朝鲜民族解放万岁！""伟大的抗日战争万岁！""中国共产党万岁！"接下来，朴一禹通知大家原地待命，做好一切准备，

△ 1945年9月初在延安罗家坪，朝鲜独立同盟和义勇队以及朝鲜军政干部三四百人在回朝鲜前离开延安时合影，一排中间抱小孩者为郑律成，小孩是女儿小提。

等候出发的通知。在场的朝鲜同志悲喜交加，不少人眼里噙满了热泪，悲的是他们的祖国沦落在日本铁蹄下已整整 35 个年头；喜的是耀武扬威、不可一世、给亚洲人民带来无穷灾难的日寇到底投降了。

朝鲜同志把烧柴、煤块堆成了小山，点上火燃烧起来，众人围着熊熊的火光，拉起手来跳舞唱歌。有的同志用棉花团浇上油制成火把，高举火把载歌载舞，狂欢到了深夜。

郑律成和丁雪松变卖了杂物买了一头毛驴，给 2 岁的孩子备下简单的食品。公家配备给他们夫妇一匹马，又找人做了两只简易木箱，一只放女儿小提，一只放被褥衣物和食品。在西北局所住的窑洞外，郑律成种下的西红柿已经成熟，西瓜也滚瓜溜圆，丰收在望，只可惜他们来不及品尝这胜利的果实了。

9月初，三四百名朝鲜军政干部和义勇队战士离开延安向东北进发。行前，全体在罗家坪合了影，队伍中有德高望重的朝鲜独立同盟主席金枓奉和副主席崔昌益、韩斌；有义勇队司令武亭、副司令朴一禹和朴孝三；同日出发的还有林枫同志率领的延安干部大队，计一千余人。中央特别派出一个独立团护送这两支队伍。

就要离开延安了，人们唱起了《延安颂》，依依不舍地和它告别。许多朝鲜同志都是一步一回头，看那渐行渐远的延安古城。哦，延河！哦，

◁ 女儿小提2岁跟随父母行军

清凉山、宝塔山！再见了，也别了那小小的朝鲜村——罗家坪。人们唱得更多的是雄壮豪迈的《向祖国前进》："健壮勇敢的朝鲜勇士们，今天跨越华北，明天过满洲，冲破路上的障碍，向祖国前进……"这是郑律成听到回国的消息后万分激动地写下的急就章。从此朝鲜战士们早上唱，艰苦的行军路上唱，到达东北之后，几乎所有的朝鲜族人都唱，他们高唱："我们将勇敢地斗争下去，为祖国的解放，为人民的自由。"

在陕甘宁边区内，到哪里都有殷勤相送的陕北老乡，他们热情地把沙果和红枣等塞到行军部队的口袋里、行囊中。大队人马向北走过了棉桃累累的延川，走过了石板上流着清清溪水的清涧，走过了繁荣的古镇绥德，来到葭县停住了脚步。混浊的黄河水来势凶猛，正由北向南奔腾而去，就像冼星海在《黄河大合唱》中描绘的，风急浪涌，河水正在咆哮，大队人马列队等候摆渡，分乘若干小船过河，一只船仅能容下五人，加上牲口，水已齐到船舷。船夫紧张地摇橹前行，不时躲开漩涡。好不容易到了彼岸，一河之隔如同两重天。陕西那边是解放区，路不拾遗，夜不闭户；山西境内情况却极其复杂，既有日伪军的据点，又有哥老会等土匪出没。离开兴县后，他们在一个山坡歇息，已是下午4时，忽然通知大家紧急集合，说是哥老会正准备袭击他们，他们既抢钱也抢枪，很反动，就是要和八路军过不去。正值秋雨绵绵，大家又冷又饿，硬是顶着风雨前行，直到下半夜1点多钟，才到达一个安全的宿营地。

接下来是过仍由日本人把守的同蒲铁路。国民党下令只许日伪军向国军缴械，不许把枪交给八路军。为应付紧急情况，又给朝鲜义勇队补发了子弹，他们边行军，边准备战斗。为避免敌人发现引起不必要的损失，上边通知连夜过封锁线，事先通知大家不能出声，不准孩子哭叫，也不能让牲口嘶鸣，要牵着它们疾行。大家反穿了棉袍，白里朝外，以便后边的人识别，一个紧盯一个，鸦雀无声地急急通过。那一晚，他们一口气走了120里地。山西，真是名不虚传，多的是险峻光秃的高山。从界河到岢岚的路上，山路已崎岖难行，但是过代县后，接连几天都是攀登高山，偶尔遇到一二十里的平坦山路，也是极难走的碎石子路，整天翻过一个山岭又一个山岭。丁雪松骑在马上颠得都快散了架子，有时不得不下来步行。郑律成充当马夫，一路牵着驮着孩子的毛驴。在一些陡峭的地段，几乎要爬着前行，或是攀援着荆棘丛，或者拽着驴子的尾巴才能攀上去。一天翻越一座峻峭的高山时，又值狂风大作，寒气逼人。郑律成、丁雪松夫妇把所有的衣服都裹到了2岁女儿的身上，脑袋也被严严实实地蒙住。翻过山梁后，有位同志的婴儿竟被冻僵，所幸他们的孩子没出意外，但手脚已冻得冰凉。在另一处悬崖峭壁的狭窄小道上，驮着木箱的毛驴都难通过，一旦失足连人带牲口都将跌下山崖。郑律成和几个强悍的朝鲜战士，有的在前边拉着毛驴头的缰绳，有的在后边扶着孩子的木箱，一边抓住驴的尾巴，前后配合，终于走了过去。那时心都提到了嗓子眼了，至今他们想起来都不寒而栗。

就在这艰苦的行军途中，郑律成又酝酿创作了两首歌曲，一首是《三一进行曲》，纪念1919

年在光州爆发的"三一"运动；另一首是《朝鲜解放进行曲》，他讴歌"敌人的锁链已被砸碎，祖国的河山重放光辉"。

一路晓行夜宿，到达察哈尔省会张家口市时，已是深秋季节了。在这里，他们第一次坐上八路军接管的火车向华北平原的怀来县驶去，再向东北方向疾行。过古北口时，看到了在城门上站有荷枪的苏联红军哨兵。再往下走是承德，由于日本鬼子在这里做过垂死挣扎，城里不少地方被夷为废墟。次日，他们搭乘苏联的军用列车向锦州开拔。当他们到达东北工业重镇、烟尘弥漫的沈阳时，已是寒风凛冽的冬季。沈阳被苏联红军从日本关东军手中解放出来已经几个月了，但是秩序仍然很乱，入夜常能听到枪声。

△ 当时的沈阳城（老奉天）

当他们离开沈阳经安东（今丹东）、新义州到达平壤时，已是 1945 年的 12 月了。

 ## 回到朝鲜

★★★★☆

（32—36 岁）

1946 年 1 月，郑律成分配到黄海道任道党委（相当于省委）宣传部长。在江华湾边的海州，他们度过了一些安宁、温馨的日子。

朝鲜是个气候湿润、风景秀丽的国家。它三面临水，只在北部与中国接壤。全境山地和高原就占了百分之七十以上，平原仅有百分之二十多；整个地势由东北向西南倾斜。由于它所处的重要地理位置，列强一直觊觎着它。早在 20 世纪初的 1910 年，日本帝国主义即把它变成了自己的殖民地。二战以后，它竟被人为地切割成了两半。1945 年 8 月间，美苏双方商定，在朝鲜半岛以北纬三十八度为界，苏军在三八线以北，美军在三八线以南分别接受口军投降。当年 10 月，朝鲜共产党在平壤正式宣告成立。自从 1928 年朝鲜共产党被共产国际解散后，朝鲜人民一直没有自己的无产阶级政党。此前，在苏联和中国从事革命活动的一些朝鲜共产主义者，都分别参加了各自国家的共产党。越年，朝鲜共产党改称劳动党，它包括了分别从苏联、中国延安回去的以及原在北朝鲜的共产党员，后来又加进来南朝鲜的共产党员。从中国延安回去的不少朝鲜同志都担任了重要职务。郑律成和丁雪松回朝鲜后，也将中国共产党党籍转成为朝鲜劳动党党籍。在平壤稍事整顿后，郑律成被分配到朝鲜西海岸江华海边的海州市工作，任朝共黄海道委（相当于中国省委）宣传部长。丁雪松不懂朝语，只能

△ 郑律成一家1945年12月到达平壤，他分配到黄海道委任宣传部长。这是1946年11月黄海道选举工作团合影，一排右八是郑律成。

帮助他整理些文字材料，如编写党课教材等。

1946 年春，北朝鲜临时人民委员会颁布了土地改革法令，规定没收日本帝国主义和亲日派、民族叛徒的土地，占有土地五公顷以上的地主的土地及自己不耕种而租给别人的全部土地，无偿分给无地和少地的农民。郑律成带着丁雪松也参加了这项工作。土改后，他们又投入选举道、市、郡政权——人民委员会的工作。由于丁雪松在延安时参加过陕甘宁边区的选举工作，多少有一些经验，就协助郑律成起草有关的讲话文章，再由他修改后译成朝文使用。

1947 年，郑律成奉命调到平壤，出任朝鲜保安队（朝鲜人民军前身）俱乐部部长（相当于文化部部长）。

到平壤不久，郑律成得了黑热病，脸色黑黄，全身疼痛，四肢无力，并伴有不规则的发热，症状很像伤寒病和白血病。丁雪松到大连出差，特地为他觅到了几瓶专治此病的德国进口药，仅仅注射了一两瓶，即见奇效，病体霍然而愈。郑律成非常高兴，他感谢妻子的一番情意，特地留下一瓶没用完的药以作纪念。

郑律成病愈之后，全力以赴地投入朝鲜人民军协奏团的筹建工作，从挑选歌唱和舞蹈演员、乐队指挥，到团的组织领导、创作乐曲，花了不少心血。协奏团有一个正规的乐队，乐器是通过利民公司到大连购买的。协奏团组建并培训成功后，郑律成经常带着他们到北朝鲜各地巡回演出。1947 年、1948 年之际，郑律成呆在家里的时间不多。金日成同志也很关心协奏团。

在这段时间里，郑律成以旺盛的创作激情，为朝鲜军民谱写了《朝鲜人民军进行曲》《朝鲜解放进行曲》《图们江》大合唱、《东海渔夫》大合唱等十余部作品。他还将在延安时写就，未

△ 朝鲜人民军协奏团在演出

及演出的《抗日骑兵队》大合唱改写后，在平壤和各地演出并广播了两百多场次。在谈到《朝鲜人民军进行曲》时，中国音乐评论家和作曲家唐诃同志曾评价道："两个国家的两首军队进行曲，均出自一位作曲家之手，这在世界音乐史上恐怕也是极为罕见的！"

由于他出色的工作，朝鲜人民会议、人民委员会、文学艺术总同盟等机构先后四次向他颁发了奖状与奖金。1948年，他还荣获共和国"模范劳动者"的光荣称号。

在家庭生活中，郑律成是个孝顺的儿子、慈祥的父亲。1948年夏天，他托人把母亲从汉城辗转接来平壤。母亲到达之日，郑律成激动非常，急忙从人民军协奏团赶回。见了母亲二话不说，立刻把母亲抱到钢琴边说："我给你唱首小时候唱过的歌。"儿时，郑律成母亲曾教他唱过许多民谣。郑律成一边深情地弹奏着曲谱，一边唱起来："哦咳呀，帆张起来了，就要出海了。我走了，我走了，没有预定的新世界。"他一连唱了许多歌。郑律成自到中国后就断了家乡的音讯，常为不能报答母亲养育之恩而深感愧疚。母亲的到来，填补了他感情生活中的一大空白。

郑律成的母亲一直随郑律成夫妇由平壤辗转来到北京。老人家勤劳俭朴，十分贤惠，乐于

▷ 在平壤家里照的全家福。图为郑律成（右一）、丁雪松（左一）、郑小提（左二）、郑律成的母亲崔泳温（右二）。

助人。邻居们都很喜欢她,亲切地称她为"哈尔姆尼"。1963年,老人不慎摔了一跤,经积水潭医院检查拍片,所幸没有骨折,但卧床不能下地,他们请来中医为她诊治。郑律成常常抱着她帮她活动身体,说多活动才能好得快。即使他要外出开会,临走前也不忘再帮老人翻翻身。老人渐渐地恢复了健康。1964年,老人终因寿终而安详地辞世,享年91岁。丁雪松第一次看见郑律成大颗大颗地掉下了眼泪。他向她念叨:把妈妈骨灰保存好,等将来南北朝鲜统一时,把老人的骨灰送回故乡安葬。后来由郑律成的侄儿郑祥勋将他祖母的骨灰送回全罗南道光州安葬了。

 # 奔赴朝鲜战场

★★★★★

（36 岁）

1950 年 6 月 25 日,朝鲜战争爆发。

战争爆发的当天,朝鲜内务省发布了第一条战报,提到"南朝鲜伪政府的所谓国防军,于 6 月 25 日拂晓,在全三八线地区,向三八线以北地区开始了出其不意的进攻"。已命令共和国警备队击退入侵敌人，并警告南朝鲜当局立即停止战争行为，否则要对一切严重后果负责，等等。次日，平壤显得非常紧张。金日成首相发表广播讲话，他号召全国人民为正义战争而奋斗，要求全体官兵在保卫北半部、解放南半部、统一祖国的战争中，发挥无比勇敢的精神，直到献出最后一滴血。他还呼吁南方的游击队打击敌人后方，破坏通讯，摧毁桥梁、道路。他总结说："历史告诉我们，决心为自由和独立而战的人民必定胜利。统一我们国家的时刻已经到来！"

丁雪松在汉城一家饭店住下不久，忽然有一个中年男子带一个少年来访。他自称郑义恩，说是郑律成的三哥，又介绍那个少年，说是他的儿子。丁雪松感到愕然，不敢贸然相认。但是坐下后打量他，眉眼的确和郑律成相似。他说他是汉城职业同盟的总务部长，得知丁雪松到了汉城，所以特来拜望。他很兴奋也很激动，说和自己的弟弟富恩音讯断绝，已有近20年了。丁雪松蓦地想起，从前律成和她说过，他是1933年由三哥带领离开家乡到中国南京求学的。但是南朝鲜情况复杂，所以丁雪松言语十分谨慎，未敢做更多的接触。在她即将离开汉城之际，郑律成三哥郑义恩又来热情相邀，她勉为其难地到他家小坐片刻，吃了顿便饭。

这次和郑律成的兄长相见，想不到竟是最后一面。仅仅三个月以后，南朝鲜军队在美国支持下重新攻陷汉城。郑义恩因为暴露了共产党员的身份而被李承晚政权逮捕并长期关押，听说他出狱后不久即离开人世。郑律成的三个兄长就这样先后为朝鲜的独立和中国的革命事业献出了生命。

中国人民志愿军是1950年10月19日跨过鸭绿江的，到当年的 12 月，志愿军已胜利完成了第二次战役，收复了平壤和三八线以北的广大地区。作为中国人民志愿军创作组的成员，郑律成和刘白羽、欧阳山尊、凌子风、李瑛等同志一道去了朝鲜。他们拜会了朝鲜劳动党中央。据凌子风同志回忆："那是在一座断墙下边的二三层楼深的地下室内。我们作为从中国来的客人，受到劳动党中央的热情接待。尽管外边炮火连天，平壤已被敌人的炮火夷为废墟，但地下室内却宁静温馨，窗上垂着窗帘，小圆桌上摆着花束。我们在这地下室内小住几日，每天都和以金日成为首的朝鲜劳动党中央领导人共进午餐或晚餐。朝鲜东道主很熟悉刘白羽和郑律成，餐桌上宾主交谈甚为融洽，金日成和郑律成还不时用朝语攀谈，彼此开开玩笑。"后来他们又到君子里，访问了设于矿井深处的志愿军司令部，了解了志愿军参战以来所取得的辉煌战果。

战争爆发后，美国总统杜鲁门发表声明，宣布出动美国空军、海军进行干涉，同时出动第七舰队，阻止我国解放台湾。与此同时，美国又在苏联代表缺席的情况下，操纵联合国通过决议，以联合国的名义出兵干涉朝鲜战争。我国政府领导人毛泽东主席庄严发表声明，严厉谴责美国对朝鲜和我国领土的侵略。周恩来总理兼外长也发表声明，谴责杜鲁门的声明和美国的海军行动是对中国领土的武装侵略和对联合国宪章的彻底破坏。

美国空军对北朝鲜的轰炸自战争爆发后不久就开始了。郑律成这时已被调离人民军，在平壤国立音乐大学任作曲部部长。战争爆发后，他几次要求参军到前线或到新解放区去，都未被允准，他还很有情绪。

建设新中国

(1950—1976)

→ 回到中国

（36 岁）

考虑到朝鲜半岛的紧张局势，国内决定立刻在平壤筹建大使馆。周总理特别提到1946 年、1947 年东北战场的情况。讲到当国民党向我南满解放区连续进攻并占领了大部分地区时，"南满我军家属都不得不撤到朝鲜北部，他们受到了朝鲜党和临时政府以及人民的亲切照顾。不仅如此，在我'让开大路，占领两厢'的方针下，朝鲜又成了东北战场同关内交通联络的重要通道"。周恩来交代他们，使馆当前的主要任务，就是保持两党、两军之间的联系，并及时了解战场的变化。

随着大使馆的建立，原东北行政委员会驻平壤商业代表团宣告撤销。除少数同志如倪蔚庭留任商务参赞外，代表团大部分同志撤回国内。丁雪松也面临一个去留问题，是继续留在平壤工作呢，还是回到祖国去？还

在平壤时，丁雪松收到了经过许多人转手的一封家信。母亲和兄嫂们见了熟人就打听她的下落，直到听人说她去了朝鲜，才贸然把信寄来，因不知具体地址，信封上只写"朝鲜丁雪松收"。这封家书越过千山万水居然送到了她的手中，真让人感慨万千，她怀念故国了。

郑律成和丁雪松的关系很费思量：他是从延安回去的，又有一个中国妻子，自调平壤后先后与朱理治、文士桢等中国同志接触比较多，关系也很好，以致朝鲜方面早就对他产生了一些看法；特别是在他敬若兄长的武亭被降职之后，他也受到一些影响，碰到一些不愉快的事情；加之后来丁雪松从华侨联合总会调到商业代表团，随之党的关系也由朝鲜劳动党转回中国共产党，人们更对他产生戒心。前面说过他原来在人民军担任俱乐部（相当于文化部）部长，亲自筹建了人民军协奏团，并兼任团长，他还谱写了《朝鲜人民军进行曲》等歌曲，干得相当出色，连续几年都得到共和国的奖状。而在丁雪松的工作变动之后，人民军政委金一找他谈话，明白无误地通知他："你爱人是中国人，你在人民军中工作不合适。"就这样，郑律成被调离人民军，安排到朝鲜国立音乐大学当作曲部部长。这不仅是降级使用，实际是政治上不被信任而调离了要害部门。

如果丁雪松继续作为新华分社社长或中国使馆的外交官留在平壤，郑律成的处境将更加困难，他很难融入朝鲜的主流社会。即使她下决心做一个朝鲜人，加入朝鲜国籍，并再转成为劳动党党员，一切从头开始，老老实实做郑律成的妻子，根据后来发生的情况看，也未必有好的结局。或者郑律成和丁雪松分手，从此离异，各自东西，这样的先例也不是没有。可是他们的感情如此深厚，千难万苦都经受过了，能割舍得开吗？

最后似乎只剩下一条出路，就是郑律成、丁雪松夫妇一道返回中国。他在中国生活过十多年，用中文会话、书写都不成问题；他在中国参加了共产党，交了不少朋友；并且他在中国的乐坛上也取得了一定成就，解放战争时期，他谱曲的《中国人民解放军进行曲》，响彻在我军攻城陷阵的队伍中，提起《延安颂》来，也几乎无人不知，无人不晓。无论从哪方面讲，郑律成来中国，比丁雪松留在朝鲜要好得多。就像郑律成说的："我是一个共产党员，是国际主义者，无论在朝鲜或是在中国，都是一样干社会主义。"

在中国大使馆成立后，丁雪松通过使馆给周总理写信，要求回国，说明去国五年对国内情况已很生疏，希望回国学习，

△ 摄于1949年6月10日于平壤牡丹峰博物馆前。商业代表团代表前排右起倪蔚庭、温士祯、丁雪松，后排齐光。

同时还提出郑律成和她一起回去，转回郑律成的党籍并加入中国国籍的要求。总理百忙中很快批复，并亲笔致函征得了金日成首相的同意。

9月初，丁雪松带上商业代表团的同志送给郑律成的那架旧钢琴，到安东接上女儿小提先行回国。临别前，郑律成面色严峻地对她说："你带着孩子先走吧，我以后再过去。"政务参赞柴成文同志应召临时回国述职，和丁雪松一路同行。

丁雪松走后，郑律成带上周恩来总理和金日成首相关于调他到中国的来往函件到外务省办理回中国的手续。在外务省的地下掩体内，他交上了双方领导人的批复函件。办理护照的同志看到了周恩来总理用毛笔书写的给金日成首相的信，内容是为使丁雪松和郑律成团圆，想把郑律成调回中国，请金日成首相批准，以及金日成首相的批文等。郑律成这时的心情非常复杂，口气迟疑地对办理护照的同志说："我的同胞现在正在受难，在这个时候离开朝鲜，心里非常不安。你看我现在走合适么？"外务省的那位同志曾在中国参加过抗日战争，早就和郑律成很熟，就劝他："既然周总理亲自来信要你回去，你切莫放过这个机会。说到心里不安，你回中国去还有机会弥补。你还可以以一个中国音乐工作者的身份，再到朝鲜来，做援助朝鲜的抗战工作，不也很好么？"

9月中旬，美军从仁川登陆，李伪军和美军越过三八线向北大举进犯。平壤处于硝烟弥漫的战火中。10月1日，朝鲜内务相朴一禹携带金日成首相给毛泽东主席的信飞到北京，当面向毛主席、周总理恳请中国人民出兵支援。此时，战局急转直下，人民军或北撤，或陷于重围。10月10日，中国大使馆根据朝鲜外务省的通知，做紧急撤退。

平壤眼看就要失守了，人们乱做一团，纷纷向北撤离。郑律成备下了火柴、盐和干粮袋，也准备背上77岁高龄的老母亲撤离平壤。正在这时，中国大使馆的政务参赞柴成文特地派一辆吉普车来接他们撤退。事隔多年，据当时护送郑律成的使馆司机、后来在外交部工作的李再文在写给丁雪松的信中说："从平壤撤退那天，上级指示我开一辆吉普车拉三位客人撤到朝鲜边境城市新义州，其中就有郑律成和他的母亲。那是一个漆黑的夜晚，天空中没有星星，彼此都看不清对方的面孔。我摸黑驾驶着汽车，很难辨别前边的方向，两眼都快贴到挡风玻璃上了。

郑律成坐汽车前排座位上，也帮我看路。车上的人一声不吭，心情都很沉重。偶尔能听到敌机低空盘旋的轰鸣声和远处闪烁的照明弹光亮。"

"汽车开出城区，公路上都是撤退的人流和蠕动的牛车。人们默默地走着，沉闷无声，一切都那么寂静。汽车只能跟着人流缓慢前进。下半夜，撤退的人群稀少了，天空也微露星光。"

"天大亮时，我们到达一个小村庄休息。郑律成帮我伪装隐蔽好吉普车，又像兄长似的照顾我吃饭和休息。白天，由于敌机肆虐，根本无法上路，也不敢住老百姓的房子休息，只能分散在野外找个隐蔽的地方睡觉，这样一直挨到日落。"

"黄昏时又出发。这一夜，天空没那么黑，心情也没那么沉闷，偶尔大家也交谈几句。路过的一些村镇，已被炸成废墟，有的民居正在着火。再经过一夜的颠簸，我才在清晨把郑律成和他的母亲送到新义州市。"

郑律成回北京后到新华社来找丁雪松，得知她已住进了医院，他急忙买了一束鲜花赶来探视。丁雪松正惦记着他和他母亲的安危，见他们风尘仆仆地归来，悬着的心总算安定下来。他关切地问起丁雪松的病情，而后告诉她他已分配到北京人民艺术剧院，不久将随中国人民志愿军赶赴朝鲜前线。

➔ 抗美援朝

（37岁）

　　1951年的1月上旬，志愿军发起第三次战役，经过九天连续作战，把敌人赶到了三七线以南，再度解放了汉城，并飞渡汉江，收复仁川港。郑律成一行冒着枪林弹雨，随志愿军一直打到汉城，那正是元旦过后不久。在一片瓦砾堆里，他捡回一堆朝鲜宫廷音乐的乐谱，一共有两大部共十八套古典乐曲。

　　在战火纷飞的前线，冒着风雪交加的严寒，郑律成和他的战友们露宿在岩石边，或在防空洞里，用体温暖开冻成冰的钢笔水为志愿军谱写了一曲又一曲的战歌。他有一张在防空洞里映着暗淡的灯光谱曲的照片，背面有他自己的题字："听着响得很近的机枪声，把写好的曲子自己哼一遍。"其神态镇定自若。

　　在汉江南岸的白云山，志愿军和朝鲜人民军互相配合展开了一场激烈的保卫战。有感于两国军队的大无畏的气概，郑律成要求作家刘白羽："作一首歌给奋勇作战的同志们唱罢！"就在震耳欲聋的炮声中，他和刘白羽合作写了《歌唱白云山》，副题是《献给汉江前线的英雄们》。这支歌高亢激越，抒发了中朝两国战士的激情，一经谱就，由他亲自教唱，响遍正在奋战的白云山火线上；他和魏巍合作谱写的具有浓郁朝鲜风情的《亲爱的军队亲爱的人》，后来在世界青年联欢节演出，受到热烈欢迎；他和欧阳山尊合作谱写的《中国人民志愿军进行曲》和《志愿军十赞》，唱出了志愿军抗美援朝、保家卫国的凛然正气；在汉江前线，他和凌子风共同创作了旋律明快的《汉江小唱》，激励了战士们的斗志，

△ 1951年元旦在安兴里过年时，朝鲜农民招待丰盛的年饭，大碗里盛的是招待贵宾的"打糕"。

△ 听着响得很近的机枪声，把写好的曲子自己哼一遍。

如今这支名曲的乐谱醒目地展示在丹东抗美援朝纪念馆的大厅内。

继郑律成赴朝之后，丁雪松也于1951年4月间，以随团记者的身份，随以廖承志为团长，田汉、陈沂为副团长的中国人民第一届赴朝慰问团到达朝鲜，这是一个包括文艺工作者在内的庞大的代表团。

林中名曲的诞生

（37岁）

　　动人心魄的歌曲，它的"原料"总是像块璞玉那样，蕴藏在大自然里，蕴藏在劳动人民的火热生活中，只等有心的作曲家前去寻找它、辨认它，再用自己的心血去精心地琢磨它、镂刻它，它才有可能从作曲家手里诞生出来，然后经过歌唱家的歌喉传播开去。郑律成就是这样的一位作曲家。

　　1951年4月，郑律成从朝鲜返回中国，在北京人民艺术剧院工作。7月，他去柏林参加世界青年联欢节并访问东欧数国。1952年，他下半年去四川川江、嘉陵江一带体验生活，创作了《江上的歌声》，谱写了《和平鸽》等儿童歌曲。1953年，调中央歌舞团搞创作。到兴安岭体验生活，创作《小兴安岭颂》、《流送合唱》、《兴安岭上雪花飘》、《采伐歌》等和《幸福的农庄》大合唱。1954年，到中国音乐家协会创作组工作，去舟山群岛

△ 世界青年联欢节中国团演出，后排右一为郑律成。

体验生活，创作《强大的舰队在海上行进》、《海上渔歌》、《炮艇大队出动了》等。1955年，调中央乐团搞音乐创作。谱写《我们多么幸福》、《友谊和平进行曲》等歌曲。1956年，到湖南、广西、贵州、云南等地体验生活，收集民间音乐。创作《少年运动员之歌》、《美丽的青岛》、《铁路工人歌》、《快乐的童年》等。1957年，创作歌剧《望夫云》，谱写歌曲《弯弯河水像条龙》《长江大桥》、《姑娘你跑向谁家》等。1958年，参加"文艺界福建前线慰问团"到福建访问，创作了《海防哨兵》、《快乐的海岸炮兵》、《我们是人民的快艇兵》等，并开始为毛泽东诗词谱曲。这个时期郑律成的作品可谓硕果累累。

郑律成爱唱，声音洪亮，方法科学，音质耐人寻味。歌声一从他的嗓子眼里荡漾出来，就像难得的美酒一样，浓香四溢，马上把人的心灵抓住。他的歌声总是招来一大堆一大堆的人群，里三层外三层地把他围住。他多半采取这样一种方式去跟劳动人民交朋友。

和郑律成在一个小组里共事的有一位同志叫许文（笔名放平），一直相处了二十多年。他们住在一处，经常见面，每每一道下去深入生活。到了外地，也时常一同住在"未晚先投宿，鸡鸣早看天"的小客栈里，什么都不计较。

"Hsinwenski！"（音许文斯基），50 年代每当他要找许文商量什么，总是这么叫他的。他在藤椅上坐下来："嗳——我说我们到森林里去吧！东北的森林可美啦，我们到那里去生活，写一批艺术作品回来，你说怎么样？"

许文说："好吧，不过我要晚些时候才能走。"于是，郑律成带了一个小组，金帆、陈田鹤、盛礼洪、赵行道、许文一行人来到黑龙江伊春林区，只见处处雪压青松，好一片玉树琼花的洁白世界！

郑律成高兴极了，说："这里的局长赵树森是我的朋友，他非常支持我们的工作。这些工人都是他帮忙找来的业余音乐爱好者，我们的作品也是他叫人刻钢板油印的。这几天我就在训练他们识谱、发声，还给他们上点合唱课。这些作品都排了一下，明天就要试唱出来，请这里的工人和干部提意见了……"

郑律成就在森林工业管理局的礼堂里指挥这个临时凑集起来的合唱队练一支合唱曲，一会儿停下来要求什么地方声音要小些，一会儿又停下来要求什么地方声音要更有力量一些……

正式的试唱也是他亲自指挥的，气氛相当热烈；还有金帆和陈田鹤的中型合唱《森林啊，绿色的海洋》，以及其他几个同志的好几个作品。意见听取会由他和森工局的局长赵树森同志

共同主持，会开得既活跃又热烈，既诚挚又坦率，
会议席上常常因他某一两句有意思的问话而掀
起阵阵轻松活泼的笑声。细心的许文发现这次
试唱没有郑律成自己的作品，就私下问他："你自
己的作品怎么不拿出来唱一唱呢？"他说："我一
直在组织他们几个人写，替他们解决歌词的来源
问题，提供一些必要的参考意见；自己还没有
写呢。——我是他们的小组长，总不能只管自己，
不管他们吧！"接着他又说："现在你来了，赶快
给我写首词吧！"许文说："我暂时还不准备写，
先帮你从《林业工人报》上选一首，你看好不好？"
他立刻催促许文："那你得快一点……"接着又

说："我到这里以后，答应每天供应他们一人一只灰狗子。每天带着枪出去，进行构思，比坐在房子里强多了。森林里，空气好，又幽静，脑子里每天总要蹦出好些不错的旋律来，现在的问题就是没有词……"

试唱完后，许文翻了几个月的《林业工人报》，选出了刘佩诗的《采伐歌》交给郑律成，他认真地看了一遍，小心地叠起来装进衣兜，连声说："好好，我来谱，我来谱。"

不久，郑律成要许文先去翠峦住几天。在那里总结了前一段的工作，又决定了以后每个星期在翠峦他们住的房子里碰一次头。接着郑律成就把几个同志和当地少数爱好文艺创作的共产党员以及经常在《林业工人报》上发表作品的业余作者约集在一起，要许文传达文代会的精神。传达完后，他对大家说："这是一些很好的报告，我们搞创作的人，眼界一定要宽，如果只知道眼皮底下一点点，不了解全局，不知道我们的党、我们的国家的具体目标，要想写出有思想性的东西来，那是不大可能的。你们看，中央的同志考虑得多么周到啊！我希望在座的每一位，经常想想这些精神，我们就会得到很大的鼓舞……"听的人对他提醒的这段话，都感到满意。

后来，郑律成送许文到双子河去。他戴着林业工人戴的皮帽子，穿着林业工人穿的棉布大衣，腰里拴上一根绳子，脚上穿了一双黑布胶底棉鞋，肩上挎了一支猎枪，一眼看去，完全是一副猎人的打扮。他说："我带你走一条近路……这儿附近有座原始森林，要是路上不停留，只要一个多小时就可以穿过去，到了那边，就是双子河的作业区了。"于是他们两人一前一后相跟着，他向许文谈着林区的见闻，许文也向他谈了些大会的花絮，不知不觉已经走了很长一段路程。突然听到附近的树梢上传来一阵吱啦吱啦的响声，只见他立刻转过身来，示意许文停下，然后放轻脚步，转到两棵巨大的交叉在一起的红松跟前，举起猎枪，"砰"的一声，一只肥肥的、长着一身灰毛的大松鼠，正从树上翻滚下来，坠落在雪地上。他拾起来掂了掂分量，一边往腰绳上一拴，一边开心地对许文说："嗬哟，这至少有两斤重！"他又告诉许文："这里的人把这东西叫做灰狗子，你知道吗？它专门祸害森林，吃的全是很香的红松种子，它的肉又细又嫩，比鸡肉还鲜。今天我要打两只让你带去，只要把皮一剥，掏掉内脏，拿到火上一烤，蘸点盐就可以吃。"

在路上他又打着两只。到出原始森林的时候，还打着一只沙斑鸡。

他们两人拣了一些枯干的松枝，找了一块大些的、有着许多树墩的空地，把一个大树墩上的积雪扫去，在它上面生起火来；又各清理了一个树墩坐下。他把沙斑鸡放在火堆上转动着，烧掉羽毛，去掉烧出来的黑炭，然后撕下两块喷香的、冒着热气的胸脯子肉，一人一块送进嘴里。他一边吃一边说："在飞禽里，它要算是最名贵的一种。这里的老乡告诉我，过去每年都得把沙斑鸡进贡给清朝的皇帝。那些皇帝好吃懒做，什么正事都不干，挨了帝国主义的打，还要把国家的大量金银财宝送给人家，连土地也送给人家，真是一些没出息的败家子！"

他又从大衣口袋里掏出两个大馒头来，他们各人找了一根小树枝，往馒头上一插，放在火上烤热吃了。灭了火，他们向着一个高坡继续走去。

这时前面传来一阵锯条在树干里来回抽送的声音，坡上早有人拖长声音在吆喝："顺山倒——！"说时迟，那时快，只听得"吱啦吱啦"几声响，一棵巨大的红松顺坡倒了下来，面前立时腾起一片雪尘，纷纷扬扬，向着四面飘落，太阳把它们照耀得五光十色，让人眼花缭乱。

他把许文送到双子河区就返回翠峦去了。一天，他来找许文，还是那副猎人的装束，把许文从木头房里的工人堆中拉出来，说："出来走走吧！"就一直向着森林深处走去。那里除了红松，就是白雪，间或有一两只松鼠在树干上跐溜，三两只山雀在雪地上蹦跶。

他先跟许文谈了些别的，等到走出作业站很远了，才告诉他："我把《采伐歌》写出来了！"

许文要求郑律成唱给他听听。

"好！"他先定了定调子，接着就轻轻地哼了起来。

许文说："你放开嗓子唱吧！"

他果真放开了嗓子，歌声开始在山谷里起伏回荡，远处还发出回声。他唱了一遍又唱一遍，越唱越豪爽，越唱越有劲儿，他的两只胳膊逐渐舞了起来，连身子也摆动起来了。这时从树丛里跑来几个林业工人，嘴里喊着"好——！唱得好——！"一齐跑到他们身边来，他们那一张张带着霜花的脸孔正眉飞色舞，喜不自胜。许文则越听越入神，仿佛他不是给他们唱的歌，而是给他们斟的一杯又一杯香浓味醇的好酒，竟把他们灌醉了。

他的这支曲子，把人带到一个十分崇高的境界，让人的心里涌起了一股暖流，正向自己的周身奔腾，使人感到该一跃而起，必须马上有所作为。这时只觉得整个森林都要炽热起来，四周的积雪也要融化了似的。

郑律成问大家："这支曲子怎么样？"工人同志们赞不绝口。许文说："没有说的，好！你把刘佩诗这首朴素的小诗用音乐加以美化了。而且，林业工人身上的高贵品质也在这首歌曲中升华了！"

他回翠峦的时候，又向许文索取新的歌词了——这回是许文送他。他说："嗳，Hsinwenski！你给我写一首兴安岭的词吧，我要拿来谱一支独唱的艺术歌曲。"

许文说："你自己来写吧。当你在音乐上考虑成熟了，我认为最好是自己动手写词，这样做，音乐同诗歌在情绪上就会更有可能结合得天衣无缝。……不信？你看贺绿汀的《游击队之歌》，王莘的《歌唱祖国》，马可的《咱们工人有力量》，就都是他们自己写的词，所以才有那么好，那么叫人喜欢唱……"

他沉默下来了。当他们在原始森林里分手的时候，他只说了一句："好吧，我来根据你的建议试试看。"就带着满脸沉思的神情，向着密林深处走去。

时间一天一天地过去，他们要离翠峦、要离伊春的日子已经靠近。最后一次碰头，预定仍在翠峦，时间在下午2点。

这天，郑律成一大早出去打猎，直到夜间11点多钟才回来。他敲开门，步履艰难地进来，他身上、帽子上全是雪，就连眉毛上、睫毛上、胡碴上也全是霜花；腰上、肩膀上全是被雪拥裹着的灰狗子，简直成了童话中的圣诞老人了。只是脸色显得十分憔悴，站在角落里，把枪和猎获物一放，衣帽一脱，说了声"哎呀，冻死我了，也饿死我了！"就往凳子上坐下去，两只手放在一起，僵硬地彼此揉搓起来。

大家不断地往炉子里增加木桦子，把火烧得旺旺的。大家把这天下午和晚上对他的担心，风趣地告诉他，这个说："我以为你是给黑瞎子斗得趴下了。"那个说："我以为你是遇上了凶暴的东北虎，变成了它的晚餐了！"还有人说："我心想：是不是当了东郭先生，遇上中山狼了？"大家说一阵笑一阵，已经替他准备好了饭食。他也嘿嘿地乐了起来，挣扎着站起身说："好，我来给你们剥灰狗子烧肉吃。"

第二天他起来得很早，许文也起来得很早。郑律成把许文拉到外面的雪地里，一面走着一面告诉许文："写兴安岭的那支歌，昨天我基本上把它定下来了，现在我哼给你听听！"

于是他轻轻地向许文哼起来。

哼唱了几遍过后，问他："你觉得怎么样？这词行不行？"

许文说："挺不错，特别是跟你这一优美的旋律结合在一起，既抒情，又符合兴安岭这么美丽的林区实际……"

这支名曲就是后来的《兴安岭上雪花飘》。

⊙ 时代的歌手

★★★★★

（37—49 岁）

建国后，郑律成不放过任何一个学习机会。1951 年下半年，作为中国青年艺术代表团的成员，他到柏林参加世界青年联欢节并访问东欧等国，他将自己领到的一点外汇津贴，用来观摩欧洲古典歌剧，购买世界名曲乐谱和音乐书籍，几乎没有购买个人的消费品。1956 年，尽管他在乐坛上早已有了一定声望，他还像少年时代奔走于沪宁道上一样，又奔走于京津道上，每周到天津中央音乐学院去听苏联专家的作曲课，学习和声和配器。郑律成深知钢琴是作曲家的必修课，只要在北京，他每天总要练习三四个小时的钢琴，弹奏像贝多芬的《月光》奏鸣曲、肖邦的《第一叙事曲》等有相当难度的钢琴作品。

郑律成 1954 年到 1956 年使用过的灰皮笔记本，上边打了许多小方格，规定每天弹钢琴几小时，作曲几小时，试唱练耳多少小

△ 1951年郑律成参加德国柏林世界青年联欢节

时，完成了计划，就在小空格里打下×。这许多小××，说明了他的勤奋，说明他为了提高自己的艺术造诣，付出了多少劳动！

就在这个笔记本上，郑律成用朝鲜文写下誓言一般的句子：

集中一切精力突击学习和创作！

不会弹钢琴是作曲家的耻辱！

还是那个顽强的郑律成，认定一个方向就决不拐弯，决不回头，就像他当年谱写《抗战突击运动歌》的那股劲头：

突击，向前！突击，向前！

战斗的突击啊，

向工作，向学习，向一切的困难！

战争年代，他不能安定地学习，如今他花大量的时间研读乐理，弹奏钢琴。

他又十分注意从群众中汲取取之不尽的养料。他到陕北后即很注意从当地的民歌、民谣中汲取营养，写出具有黄土高原气息的《延水谣》等，建国后他更注意四处采风。在岷江边的一个客栈里，他遇到一群歇脚的船夫，就虚心讨教江上的号子，和他们一起唱啊唱啊，船工们争着唱，郑律成做着记录，鸡叫三遍都未停，直唱了个通宵。他见到一个善唱川江号子的歌手，就随他顺流而下，行程七天七夜，写下了《江上的歌声》。这首无伴奏合唱，在建军70周年音乐会上演出，效果很好。他先后四次深入云南大理等地去体验生活，根据白族美丽的民间传说写出了歌剧《望夫云》。管桦同志写信给郑律成，热情地祝贺《望夫云》演出成功，信中说："它是真正的歌剧，而不是话剧加唱。它有相当的艺术魅力，

△ 1952年下半年，郑律成和词作家放平到四川川江、嘉陵江体验生活。前排左起放平（原名许文）、郑律成，后排右一是路由。

△ 1957年郑律成在云南采风

而且通体是和谐的。"

学无止境，艺无止境，郑律成不满足于过去取得的成就，不满足于仅仅创作些群众歌曲和合唱曲。50年代末期和60年代初期，他醉心于写歌剧，除《望夫云》外，他还构思了《雪兰》《卢蒙巴》《多沙阿波》等歌剧，并已与诗人合作写成剧本。70年代，他热切地想创作器乐曲，还想写交响乐作品。回忆起他那股"世上无难事，只怕有心人"的雄心壮志和干劲，这不禁让人惋惜他去世过早，壮志未酬，不然他能为我们的改革开放事业谱写多少激动人心的乐章啊！

创作已成为郑律成生命的一部分，不论在何等艰苦的条件下，他都毫不停歇。他的好友李序同志说，在他们一起出门乘坐公共汽车的时候，只要他一闭上眼睛，李序知道他又在构思了，便不再打扰他。20世纪60年代初，我国处于三年困难时期，他不去注意休养生息，而是一头扎到湘赣地区写了《秋收起义》大合唱。后来，在文革初期，他被关进"牛棚"，他没有写检查，却酝酿构思乐曲。他看到墙上的一张画，突然对同时被关的人说："我有了！"问他"有什么？"他说他找到了毛主席诗词《答友人》一诗的旋律。

有了旋律，他就伏在一个随便找到的木板上谱写下来。

郑律成的创作态度是严肃、认真的。他一般谱曲都酝酿很久，写出后不马上拿出来，用他形象的比喻："就像制作钢琴的时候，把木材伐下来，放在深山老林里，经风吹日晒多少年，不变形了再拿来做钢琴一样。"在创作上，他追求写"有分量"的作品，不写"轻飘飘"的东西。在"牛棚"里，他曾为毛泽东公开发表的诗词谱写了乐曲。为写交响合唱《长征路上》，他沿着红军走过的路去体验生活；为谱写毛泽东《沁园春·雪》一曲，他多次冒着风雪攀登八达岭。诗人乔羽评价他晚年为毛主席诗词写的乐曲："是作曲家在他成熟以后所取得的一个创作高峰。郑律成这部分作品，本来应该是冲天而飞的大鹏，但却被人一下折断了翅膀，遭到幽禁。"

原音协主席吕骥评价说："郑律成在中国革命音乐史上，应该占有很重要的地位，他不仅写了八路军军歌，更主要的是他谱写了毛主席诗词，达到了他作品中相当高的水平。"原中央乐团团长李凌认为，郑律成为毛主席诗词谱写的曲子，"分量很重，写得有感情，有性格，很丰满，与毛主席诗词描绘的情景比较切合、贴近。曲调气魄很大，具有强烈的感染力，少有这么好的，不少为毛主席诗词谱的曲子都比不过。我认为他谱的那几首最有特点"。全国文联主席周巍峙在听过音乐会后，说："在为毛泽东诗词谱写的歌曲上，还没人能超越他。"

在空军部队生活的日子里

★★★★☆

（49岁）

1963 年，郑律成去空军某部深入生活，创作了《飞行员之歌》《前进, 人民空军》《高歌猛进飞向前》等,还创作了歌剧《雪兰》(未完成)。

郑律成对我国空军部队有很深的感情。他不仅写了《八路军军歌》、《中国人民解放军进行曲》、《炮艇大队出动了》等陆、海军歌曲，而且还热情地为空军部队作了不少歌曲。在抗美援朝战争时期, 他写的空军歌曲曾在志愿军空军中广为传唱。

1963 年春末夏初, 郑律成正在苏州学习、研究评弹音乐。空军党委为了组织空军进行曲和队列歌曲的创作，便约请了郑律成来空军生活创作。当时空军正在上海召开创作会议，诗歌组在研究歌词创作问题时, 请他来座谈了一次。他听了他们创作的一些歌曲录音后, 从作曲的角度, 着重谈了歌词创作问题。他的见解，精辟扼要，在今天看来，也是有指导意义的。空军政治部决定让宫玺陪同郑律成，到空军部队生活并合作歌曲。他们一起同飞行员交谈，一起交谈生活感受和创作，生活得十分融洽。郑律成鼓励宫玺大胆写歌词，不要脑子里先有所谓"歌词"的框框，重要的是写出形象和感情。在空军生活了两个多月，郑律成花主要精力为飞行员写队列歌曲，同时也为高射炮兵、雷达兵以及医院护士写了歌曲。

郑律成热爱生活，深入群众，处处注意向生活学习。他不像有的作者，到生活中去只是蜻蜓点水，抓一点素材即急忙创作，他是真正身入心入，作群众中普通的一员，同飞行员、地勤战

△ 在空军部队生活

士、干部交朋友，天上地下、战备训练、业余爱好以至爱情生活无所不谈，在交谈中相互建立感情。他把这看做是深入生活的根本之点。他认为，只有爱飞行员之所爱，想飞行员之所想，才能真正捕捉到富有感情色彩的"飞"的形象。只要是飞行日，他总要一大早就赶往机场，头顶烈日，一呆就是大半天。他细心地反复观察飞机起飞、着陆的状态和气势，在飞行间隙，听飞行员谈飞行感觉。仅有这些，他还嫌不够，为了进一步获得直接感受，他甚至提出乘坐一次教练战斗机的要求。教练战斗机可不同于一般客机，他吃得消吗？当时他已45岁了，虽然身体较为健壮，仍让人为他捏一把汗。经空军领导同意，他终于由一位经验丰富的飞行干部带着飞上了万米高空。飞一般的动作，他犹嫌不足，坚持要来个翻滚的空中特技。他说："只有这样，才能体验到近似激烈空战的生活。"他落地以后，风尘仆仆，一脸兴奋。

郑律成的创作态度是极为严肃认真的。他的写作习惯是，吃透歌词，抓准形象，充分酝酿，一气呵成。初稿写出后，反复咏唱，一再推敲。他亲自在飞行员中间教唱，征求意见，进行修改。他的住处附近有个卫生队，在同女护士们的接触中，她们反映没有护士的歌。于是，郑律成立即让宫玺写白衣战士的歌词。宫玺写了，他很快就谱出了深情优美的曲调。那些女护士又高兴又感激地说："啊，我们也有自己的歌了！"郑律成在创作时很注重形象的节奏，尤其是歌曲第一乐句的新鲜节奏感。因此，他希望歌词的第一句不仅要有鲜明的、足以激起作曲家灵感的形象性，而且要提供独特的节奏性。他满怀深情地谈起公木当年与他合作写《八路军进行曲》的过程，那"向前，向前，向前！"的生动词意，同急骤而起、一泻千里的乐句气势，是多

△ 郑律成乘坐战斗机体验飞行

么吻合啊！他还谈到同其他一些词作者的愉快合作。此外，他在创作中也常有另一种情形，即不是先有词，而是先有曲。这是因为在某种时候，他受生活激发，乐感如泉水般喷涌，一支又有形象，又充满感情，又有鲜明节奏的曲子顷刻而成。表达的是什么呢？他心里清楚，但是没有明确具体的歌词。这时候，他便要找词作者按他的意思填词。这种曲子往往比依词谱写的曲子形象更鲜明生动。《飞行员之歌》就是这样的例子，三拍子, 颇有银燕翱翔长空的轻捷之感, 较独特地捕捉到了某种"飞"的节奏。

郑律成是中国著名的作曲家, 他的歌曲响彻国内外, 但他谦虚朴实, 没有一点架子。他既有外国古典和现代音乐的深厚修养, 又重视向中国民族民间音乐学习。他常常一往情深地回忆云南采风的情景, 谈起那些可爱的白族歌手, 哼起那优美的白族民歌; 他把宁、沪、苏州的不同流派的评弹演员的唱腔录了音, 随身携带, 有空就欣赏、学唱, 揣摩它们的韵味。他学习民族民间音乐不是皮毛地生套硬搬, 而是从神韵上融会贯通, 消化吸收, 然后结合自己的创作个性, 孕育出全新的音乐形象。让人不禁感到, 在创作上, 郑律成是有远大抱负和旺盛斗志的!

更为难能可贵的是, 郑律成在生活中绝不只是关心自己的音乐创作, 他首先关心的是部队建设。通过实地观察他发现, 飞行员的节奏感对飞行训练有密切关系。飞机在飞行中为什么不能平稳? 着陆时为什么会莽撞颠簸? 他认为主要是飞行员在操纵时缺乏节奏感, 动作过猛、过粗, 不够柔和自如, 因此, 容易发生事故。为这个问题, 他考虑了许久, 想了很多。他由我国许多少数民族的能歌善舞, 富于节奏感, 想到汉族在这方面的欠缺; 由西欧某些国家重视少年儿童的节奏训练, 想到我国飞行员的节奏训练问题。经过反复周密思考, 他授意、宫玺起草, 给空军党委写了一份关于重视飞行员节奏训练的建议。空军领导感到他的意见确有一定科学道理, 决定要在航校试点, 请他编写节奏教材。他回京后确把教材编好, 并灌制了唱片。可惜未及实践, 不久文化大革命浊浪掀起, 那些教材、唱片, 全部遭到了毁灭的命运。

郑律成在空军部队生活虽然仅两个多月, 但他给指战员们留下了难忘的印象。那个部队里的老同志，总要带着深深的感情，怀念起这位"我们的作曲家"！

→ 在现实生活中汲取营养

★★★★★

（49岁）

　　1963 年的春天，郑律成从北京来到江苏，打算搞一个反映农村现实生活的歌剧，希望有人和他合作。组织上派白得易和他一同深入生活，共同写作剧本。此后两年多的时间，他们时断时续地在一起，不少时间是在江南农村、白得易的家乡南通和他在河北农村的生活据点怀来的山村中度过的，可以说足迹遍及大江南北、长城内外。风尘仆仆，行旅劳顿，一点也没有减少他深入生活的兴致，相反，农村丰富多彩的生活，社员淳朴真挚的感情，太湖的风光，紫琅（位于南通的紫琅山，又名狼山。）的秋色，都在激发他旺盛的创作激情。

　　在生活和创作的过程中，作为一个革命

△ 和剧作家白得易讨论歌剧剧本《雪兰》(农村科研题材,未完成)

艺术家,他的创作思想的活跃,视野的广阔是非常突出的。

在江阴农村时,听到人们传颂着当地老模范蒋汝娣领导生产的动人事迹,又听到她本人的叙述,大家被深深地感动了。在此基础上,大家酝酿写作一个以农村科学试验为题材的歌剧。在进行构思过程中,郑律成谈了这样的看法:社会主义建设,光搞阶级斗争,而不抓生产斗争和科学实验是不行的。这个见解很新鲜,也符合实际。凡是熟悉农村情况的人都知道,农民最迫切的愿望是把生产搞上去,一些受到群众爱戴的先进人物都是在生产中起模范带头作用的。当时正是阶级斗争压倒一切的时候,一些片面狭隘的理解,给文艺创作带来很多局限,郑律成的这种看法，就更显得难能可贵了。于是大家即以此为指导思想，着重表现富于创造精神的女知识青年进行果树移植栽培等科学实验，并适当表现了保守势力的阻挠和阶级敌人的破坏，这就是歌剧剧本《雪兰》。

差不多在同时，郑律成又提出了另一个歌剧题材，主要是反映非洲人民的独立斗争的。前不久，刚果（金）人民的民族英雄卢蒙巴惨遭殖民主义者的杀害。郑律成以他革命者的热情和艺术家的敏感，酝酿着搞一个歌剧《卢蒙巴》，用以支持世界人民维护民族独立，反对新老殖民主义的斗争。

郑律成的创作热情如此旺盛，题材如此宽广，

△ 60年代，郑律成和河北省怀来县北辛堡村的干部交谈，他在那里生活和创作。

是人们想象不到的。就在创作酝酿上述两个歌剧的同时，他还抽空为一个以民间传说为题材的歌剧《孟姜女》作曲。三部歌剧齐头并进不说，他又受空军领导同志的委托，为空军战士谱写歌曲。一个多月以后，他完成了一批空军歌曲的创作，从空军部队回来了，脸晒得黝黑，精神非常好。他兴致勃勃地介绍在空军生活的情况和乘喷气式战斗机的感受。他非常高兴地说，他对飞行员的训练提了两个小小的建议。他不仅脑筋灵活，富于创新，而且是一个有心人，兴趣非常广泛，对人民的革命事业满腔热忱，遇事都爱提出他经过考虑的意见，其中不乏中肯、新鲜的建议。对生活的热爱，对人民事业的关切，是他创作生活的基调。正因为深深扎根在人民中间，他的作品才富于生命力和感染力。而视野广阔、思想活跃是他创作思想的重要特色。

60 年代初期，我国新歌剧的发展还不够繁荣，作曲家苦于没有合适的歌剧剧本。郑律成没有空等，而是切切实实地自己动手干起来。他深知歌剧是一种大型的综合艺术，如果由作家独自搞一个剧本，然后再由作曲家谱曲，很难做到有机地结合，并且会限制歌剧音乐的表现能力。所以，他提出作家与作曲家从深入生活和酝酿构思就开始合作。这种合乎艺术创作规律的做法，为歌剧创作提供了不少有益的经验。

在这之前，很多同志都没有接触过歌剧创作，而郑律成则对歌剧有极广泛理解并创作过《望夫云》等歌剧，所以在剧本创作中，一些主要结构、人物和场景安排，都是郑律成结合音乐表现的要求而设计的。白得易只是在人物性格、思想感情和某些细节上有所充实和增添。看来，戏、诗、音乐的有机结合，并不是很容易解决的。郑律成了解白得易的困难，总是积极出主意想办法。他每天仔细地阅读白得易的草稿，并提出修

△ 郑律成和村里青年们交朋友，写出曲子唱给他们听。

改意见，从来不说这不行，那不行。对白得易草稿中的可取之处，总是非常高兴。对缺点则谈出他经过深思熟虑的意见，研究如何修改。有时过了两天，他喜形于色地说，又想出了一个好主意。更多的意见是结合音乐的设想提出来的，如说这里最好有一段合唱，或这里改成对唱更好，或者说这里要载歌载舞，才能充分表达欢乐的情绪等等。从这些具体的指点中，白得易也逐步认识到歌剧的一些创作特点，他们合作的《卢蒙巴》，从全剧的结构和情节的发展上，每一步都有所提高。

为解决创作《卢蒙巴》的生活素材，郑律成也想了不少办法。他带来许多有关非洲的文字资料，还和白得易一同到新华社去借阅更多的资料。他想法会见了当时在北京的卢蒙巴的朋友，从而掌握了第一手的生动材料。为此，他经常骑着自行车，在炎热的北京街头奔忙，正像他奔波在大江南北一样，总是那么激情洋溢，笑容满面，给人增添着信心和欢乐。

那时，郑律成还热心学习江南的民间音乐。在苏州，他经常请著名评弹老演员徐云志到住所来弹唱录音。虽然受到方言的限制，他还是多次到书场听徐说唱《三笑》。据说以徐调闻名的唱腔，吸收了江南民歌和街头喊卖的音调，富于生活气息，自成一格，它受到郑律成的喜爱不是偶然的。

过了不久，郑律成让白得易听一段录音歌唱，那是他为歌剧《雪兰》里女主人公初到农村的一段独唱所谱写的歌曲，也就是"春风送我到江南，燕子伴我安下新家"一段。歌曲抒情优美，令人感到清新的江南风味和泥土气息。这是郑律成探索如何使歌剧更富于民族特色的一种可喜的努力。

郑律成对创作是一丝不苟的。他不仅一次次耐心地研究修改剧本，而且乐于广泛地听取群众的意见。在怀来的乡下，他请来几位果园的知青，征求他们对剧本的意见。开始青年们还有点拘束，他就启发他们。后来青年们打破顾虑，陆续提出不少意见，郑律成一面点头，一面思索，露出非常满意的神色。一个久已知名的老艺术家，这样虚心地向群众学习，不能不令人深深地感动。

在怀来的一个小小的山村，郑律成的生活据点里，我们可以更生动地看到他和群众亲密无间的关系。

1964 年仲夏，他要白得易到他乡下的住所去"做客"。坐上牛车颠簸了半天，才来到他的家。那是一排四小间的木石结构的瓦房，和周围社员的住房没有多少区别，屋里简单朴素的陈设正和主人简朴的性格相协调。听说老郑回来了，村子里陆陆续续有不少人来看望他。有老大爷、老大娘，也有中年和青年人。屋子里可热闹啦，这个问他这一阵工作怎样，身体好吗，那个问他这回来能住多久。郑律成也亲切地打听社员们生产和生活情况。有人带着新鲜蔬菜和土产来看望他，郑律成也回赠他从北京带来的日用品。对村里的事情，他了如指掌，熟知每家的情况。有时他带白得易出去串门子，知道是老郑的客人，白得易也沾光受到社员们热情的问候和款待。

在这里，郑律成以一个普通社员和热情的主人的身份出现。每天，白得易照例酝酿和修改剧本。郑律成常常出去，过不多久，拎回打来的鲜鱼。接着劈柴，生火，洗鱼，做饭，乐呵呵地忙个不息。他的独立生活能力很强，这大概是长年战斗生活训练的结果。有时，他围着围裙，拿着劈柴刀，和白得易研究着创作问题。真有趣，那完全是一副勤劳的农民的形象，熊熊的炉火照在他们脸上……郑律成知识很丰富，他一面洗着鱼一面说，刚出水的鱼，不用作料，也不会有腥气的。果然，他做的鱼汤，滋味特别鲜美。

山村的生活，和外界并没有隔离。新华社派来了摄影记者，要向国外介绍郑律成的情况。果园的青年们来玩儿，要求郑律成给他们编支歌。郑律成笑着答应了，要白得易写词，词写好不久，他就谱了曲，马上就在果园的树下教唱，郑律成指挥，果园里繁花似锦，欢乐的歌声随风飘荡。记者眼明手快，留下了一个珍贵的镜头。

➔ 铁骨忠心

★★★★☆

（52—62 岁）

郑律成是个胸怀坦荡、光明磊落的共产党员。他有自己的政治见解，从不隐瞒自己的观点，敢于坚持真理，绝不随波逐流。

30 年代，假如只为了寻求个人的前途，他本可以游离于时代之外，像他的声乐教授所期望的那样，到意大利去深造，发展自己的音乐天赋，成为一名男高音歌唱家。但是他却走上了艰难曲折的革命路程——到延安去。他锐敏地感到只有延安才能为黑沉沉的中国带来希望、光明和力量。他敬佩中国共产党，敬佩毛泽东所制定的农村包围城市的战略，认为这是无产阶级革命的创举。他衷心服膺党中央制定的抗日民族统一战线政策，赞扬党的理论联系实际、密切联系群众、批评与自我批评的优良传统和作风。他认为日本帝国主义是中朝两国人民共同的敌人，中国革命的胜利也是朝鲜人民的胜利。正是这些看法，使他们产生了共同语言。他们都以置身于时代的洪流，做光荣队伍中的普通一兵而感到无比自豪。

他不断地思考问题，觉得把林彪定为接班人并写到党章里是咄咄怪事。对于许多老上级、老首长横遭批斗与折磨，他表示了极大的愤慨与同情。郑律成在"四人帮"控制下的乐团，也曾挨过批斗，被加上"特务"、"大鲨鱼"的帽子，一度住过"牛棚"。但是由于他未担任任何职务，没有被戴上"走资派"的帽子，后来相对地有点小自由。他就利用这个机会去安慰那些受磨难或被孤立的同志。他和靠边站的王震、廖承志同志一起垂钓郊外，又曾多次表示要去探望朱老

△ 1974年中央乐团（现中国交响乐团）创作组到大庆生活

总和邓小平同志，他也常到胡耀邦同志那里去讨教一二。只要有可能，他就悄悄地去探望那些挨批斗的老首长和老战友，有时给他们送点自己捞的活鱼和自制的朝鲜泡菜，聊表同情、安慰之意。有的同志被关进了"牛棚"，他就问需要什么东西，以便他代为索取。他去探望这些同志的家属，问寒问暖，当家属忐忑不安地打听亲人有什么问题时，他胸无芥蒂地代为回答："他有什么问题? 根本没有问题! "他深夜里去拜访"黑线人物"，关怀他们的健康，约他们共同写作，邀请他们到家中做客。

1972 年，一向为郑律成所敬重的陈毅同志逝世。陈毅病重期间曾很想听听钢琴音乐，夫人张茜提议："请郑律成来为你弹奏一曲好吗? "陈毅摇摇头："别给人带来不必要的麻烦。"王震同志后来把这个情况告诉了郑律成，他听后十分激动和难过，表示"如果让我去弹，我怕控制不了自己的感情"。他知道陈老总和老帅们与恶势力作过坚决的斗争，并多次遭到批斗，他知道陈毅具有诗人气质、儒将风度，十分关心和爱护知识分子。为了悼念陈毅的逝世，他四处寻找陈毅尚未发表的诗词，为《赣南游击词》《赠同志》等诗谱写了曲子。在《梅岭三章》一曲里，郑律成用悲壮豪迈的旋律，寄托了对陈毅的无限哀思，表达了他对陈毅"大雪压青松，青松挺且直"的高风亮节的赞颂，同时抒发了那时全国人民的愤恨和希望。

那沉郁悲壮的旋律，描绘的似乎是历史，但实际上表述的是现实。它抒发了多少人对"四人帮"一伙掀起血雨腥风的愤懑，表述了对老一辈革命家所遭苦难的深切同情。

"反击右倾翻案风"开始时，他离开北京到外地去，躲开了上边布置的写所谓"批邓"歌曲的任务。他理直气壮地说："我不为他们歌功颂德，不为他们写一个音符! "粉碎"四人帮"后，听说在他所在的单位，讨论是否继续批邓时，郑律成直率地表示："我就是不批邓！"以至于发生激烈的争论。

周总理逝世的噩耗传来，郑律成和他妻子都伏案恸哭。这不仅因为总理对中国人民的革命事业作出了伟大杰出的贡献，还因为总理对于他们两人有着特殊的恩情。如果当年不是由于总理的关怀，他们两个异国伴侣也许还难以团聚。在那些举国哀恸的日子里，郑律成带上照相机来到天安门广场上，拍摄下了许多感人至深的镜头。他那时即酝酿要谱写纪念周总理的歌，他想写的不是一首两首，而是赞颂总理一生丰功伟绩和光辉形象的一部组歌，并开始搜集这方面的资料。

在这期间，郑律成整理的为毛泽东诗词谱曲的作品共 20 首，为陈毅诗词《赣南游击词》、《梅岭三章》、《赠同志》等谱曲，创作的《解放军组歌》等歌曲，为话剧《云泉战歌》写音乐，写出电影剧本《武装宣传队》初稿。但它们大多未得到发表和演出。

在十年动乱期间，郑律成虽然没有承担任何领导职务，但也被无端地加上了"大鲨鱼"、"大特务"的罪名。李序被群众推选出来当乐团的"文革"副主任。针对社会上的传说，以及乐团某些人甚至成立了关于郑律成问题的专案组，李序私下决定对老郑的问题来个反调查。不少人反对李序这么干。李序考虑再三决定还是要管，他不相信郑律成是"特务"。

在艺术中，音乐是最能直接表现作曲家的思想和灵魂的。乐曲反映出来的作家的思想感情是伪装不了的。很难设想一个"特务"，一个别有用心的人会谱写出雄伟瑰丽、充满革命激情的乐章。李序从郑律成的作品中，感到他是一个非常热爱中国人民，热爱中国共产党的坚定战士。这样的人怎么可能有政治问题呢?

后来,李序带着介绍信,在北京城里四处奔波起来。先后找了杜君慧、贺敬之、朱理治等老同志。他们得知李序的来意,都毫不犹豫,立刻为郑律成打起保票来。将郑律成的家庭身世、革命历程向李序细细道来。杜君慧说:"眼下难得碰到你这样的好同志了。郑律成几乎可以说是我看着长大的。他能有什么问题!"贺敬之说:"我在延安的时候,一直把他当做大人物。他早已写了很多传诵一时的名曲了,我还是个小鬼,只有十四岁哩。"朱理治说:"嘿,他有什么问题!他有问题能写出起那么大作用的《解放军进行曲》么?……你要是不信,我还可以给你介绍几个当时在朝鲜工作、现在在中国的同志,你去了解一下。"

李序又跟踪追击,接连找了几位在朝鲜工作过的同志。前前后后,李序调查了十几个人。所有的材料都证明郑律成历史清白。回来后,李序把调查结果写了一份详细材料交给乐团的军代表。军代表看后说:"你以后别搞调查了,人家已经调查到你头上了。"李序其实是在军代表的默许下,才得以四处调查的。想不到没过多久,军代表就被江青抓起来了。那些天,空气特别紧张。李序每天上班第一件事,就是看看郑律成在不在,是否被抓走了。所幸担心的事情没有发生。一个星期过去了,《解放军进行曲》还在广播,李序才放下心来，一块石头落了地。

此后，乐团换了几次领导班子。每次换人，都要找李序了解郑律成的情况，李序就建议他们看看调查材料。直到现在，在某位老同志家中做客，还听到一位同志告诉李序："你1968年调查郑律成的材料，对搞清他的问题起了很大作用。"

就在郑律成逝去的几天前，他还恳切地对李序说："'四人帮'被打倒了，我们要争取多活几年，多写些好作品。从前我们浪费的时间太多太多了。这些天我也要吃降压药了。要爱护身体啊！"

大自然的每一片绿叶都闪烁着他的欢乐

★★★★★

（62岁）

许多艺术家都热爱大自然。如果没有春光、夏雨、秋收、冬雪，就不会有维瓦尔第的"四季"。贝多芬著名的第六交响乐是在维也纳的郊外获得灵感写下的。他曾对他的朋友说过："周围树上的金翅鸟、鹡鸟、夜莺和杜鹃是和我在一块儿作曲的。"贝多芬热情地说："没有人会比我更热爱田野的了！"他说："森林、树木和岩石啊！你反映着人的愿望。"贯穿欧洲几国的多瑙河，既给施特劳斯写《蓝色的多瑙河》带来了灵感，也给伊凡诺维奇谱写《多瑙河之波》以启示。

我们中国古代流传下来的俞伯牙和钟子期的故事，也说明了这一点。钟子期能从铮铮的琴声中，听出俞伯牙高旷的情操，时而像巍巍的高山，时而如滔滔的流水。

郑律成也以一颗纯真质朴的心，热爱大自然的雄伟瑰丽的景色。

他到云南体验生活以创作歌剧《望夫云》，同时也采集了许多色彩斑斓的蝴蝶，归来做成标本，镶在镜框里并挂到墙上。50年代他曾将猎获来的野鸡、啄木鸟等，自制成栩栩如生的标本，陈设在书房里。他喜欢花卉，精心侍弄那些他从各地搜集到的兰花、吊兰、令箭荷花、昙花、三角梅、冬青草，至今他家里仍然留有他生前长时期培植的仙人球、铁树和山影。

他最喜欢的还是到郊外去狩猎和捕鱼了。曾有人以为打猎是闲情逸致，斥之为资产阶级生活方式，郑律成为此招来不少闲言碎语。其实那是相当艰苦的劳动，要走很远的路，还要攀登险峻的山坡。一次他到怀来县北辛堡山里去打野物，冒着风雪归来，脚趾都冻坏了。真是风险艰辛何所惧，乐（快乐）在其中，乐（音乐）也在其中！60年代初期，一个秋高气爽的星期日，丁雪松也曾同他一道去北京远郊区打猎。傍晚，回城途中，他们走得精疲力竭，只好在一个半山坡上坐下来休息。这时，面对西山色彩绮丽的晚霞，望着沉沉欲坠的一轮红日，郑律成向妻子哼起他构思已久的毛主席诗词《忆秦娥·娄山关》的旋律，

哼着，哼着，丁雪松也同他一起唱起来，仿佛眼前再现了"苍山如海，残阳如血"的诗情画境。

1956年，郑律成到湖南看汇演，在长沙岳麓山，碰见陈毅同志没带警卫员一个人在踱步，欣赏着自然风景。郑律成感慨地对同行的人说："陈毅同志是诗人胸怀。艺术创作需要自己构思，无拘无束。你看陈老总就很懂得创作规律。"他不以为陈毅只是游山玩水，而认为是在寻求诗兴。后来，他们果然看到陈毅写的《岳麓山顶眺望》一诗，写作时间正是1956年。

郑律成更喜欢捕鱼，建国后，他一直保持

着这种爱好，常常一个人带上雨具、油布，揣上点干粮，再加一个记音符的小本子，或者骑自行车（70年代初又买了一辆摩托车），或者搭长途汽车到北京远郊去捕鱼，深夜露宿野外，第二天方尽兴归来，有时满载而归，有时空空如也。为他的打猎捕鱼，妻子丁雪松担过不少心。有时他深夜不归，怕他一人出事，丁雪松和阿姨深更半夜到马路边去等他、堵他，等回来后有时免不了埋怨他几句。他诚恳地解释说："我的工作和你的工作性质不同，老坐在办公室里是寻找不到灵感的。"既如此，丁雪松也不再干涉他。

正是在打猎捕鱼和深入生活的过程中，他结交了一些工人、农民朋友。他和知心的朋友无话不谈，肝胆相照。郑律成去世后，怀来县北辛堡的农民朋友写诗哀悼他：

燕山峻峭，白雪飘飘，
您打猎兴致，多么地高！
两枪命中两只黄羊，
转了一天一夜，才把它拖下山冈。

妫水河畔，
您撒下张张渔网，
多红的大鲤鱼啊！
您提啊，提啊，一直到天亮。

您哪里是捕捉山羊、鲤鱼……

分明是向大自然索取素材和营养，

然后再细细加工，

制成那人人喜爱的乐章。

1976年10月，"四人帮"被粉碎。郑律成无比兴奋，他全力以赴地投入了揭批"四人帮"的斗争，参加了中央乐团党委会对运动的领导工作，并热情奋发地开始了新的创作，准备谱写歌颂周总理的组歌和为建军50周年创作大型作品。

1976年12月的一天，郑律成刚刚冒着风雪从张家口乘吉普车颠颠簸簸地赶回家来。他是为看京剧《八一风暴》于几天前赶到那儿去的。他为粉碎"四人帮"后人们第一次把周总理的形象搬上舞台而极度兴奋。他患高血压症已久，平时极少喝酒，也从不抽烟，在那里他高兴得既喝了酒，又抽了烟。他准备谱写周总理组歌，以纪念这位为中国人民所爱戴的领袖，纪念这位在国家多难之秋，殚精竭虑、力挽狂澜的中流砥柱。

此时，身为中国大使的妻子丁雪松将出国远行，访问罗马尼亚和南斯拉夫。郑律成感到头晕，对妻子说，要搭乘返回张家口的吉普车到郊外去呼吸一下新鲜空气，顺便网点鱼来为她饯行。往常，只要他觉得头晕胸闷，不管春夏与秋冬总是采取他喜爱的户外疗法：到大自然中去，到山上或河边去，呼吸一下新鲜空气，换一副清醒的头脑回来。

妻子丁雪松叮咛他："你可要早回来啊，我明天天不亮就要出发。"

"一定的，明天早晨我一定到机场送你！"

他带着侄孙女儿银珠和6岁的小外孙剑峰，消失在怒号的狂风里。那天天空阴霾，气温降到-10℃。本来就有高血压的郑律成突然昏倒在了运河边上，立即被送到附近的昌平医院救治。5时许，他的心脏蓦然停止了跳动。

啊，打击来得这样突然，让人连用泪水洗去苦痛的时间都没有。大家只是感到惊愕、茫然，接着才抑制不住地流下了泪水。

从黑龙江到广州，从延边到四川，从乌鲁木齐到银川，唁电从四面八方飞来。相识和不相识的朋友，写来了感人至深的唁函和悼诗。

光未然同志赋诗哀悼，写出了许多同志的心声：

　　　风扫浓荫万里晴，相约共写艳阳春。

　　　哪堪魂断昌平路，掷笔捶胸胸若焚。

追悼会于 12 月 17 日在八宝山举行。许多老首长、老朋友、文艺界的知名人士、亲人，甚至一些不相识的朋友都来了。他们当中有王震、胡耀邦、廖承志、陈慕华以及成仿吾、王炳南；有文艺界的知名人士曹禺、贺敬之、张光年、刘白羽、周巍峙、乔羽、冯牧等；有电影戏剧界的名导演崔嵬、谢铁骊、凌子风、苏里、谢添、吴雪、水华以及著名演员陈强等；有音乐界的领导、著名作曲家、指挥吕骥、李焕之、李凌、时乐濛、李德伦、严良堃、吴祖强、韩中杰以及著名歌唱家等；还有新闻界的吴冷西、华山；美术界的华君武、蔡若虹，等等。他们曾是文化界的精英，在以往的文化浩劫中几乎都被打得遍体鳞伤，七零八落，现在他们抚平伤痕，检点队伍，正准备再装点河山，却不料恸失伙伴——自己队伍中的

△ 1997年8月，中国人民解放军建国50周年之际，中国交响乐团合唱团、中国人民解放军总政歌舞团、中央歌剧芭蕾舞剧院交响乐团、北京音乐厅主办，举行郑律成作品音乐会。

一员骁将，能不悲痛！

胡耀邦同志在参加遗体告别仪式和追悼会时，给郑律成以很高的评价：

郑律成是一个好同志。他是仇视林彪、"四人帮"的，是爱憎分明的。在延安时期，他的歌达到了高峰。他对中国人民的解放事业和革命斗争，作出了很大贡献。

他的知交、著名作家管桦在《生命之旋律》的怀念文章中，用诗一般的句子，描绘出了郑律成的气质和神韵：

大自然的每一片绿叶都闪烁着他的欢乐。飘浮着流云的天空，轰响着波涛的江河湖海，绵延的山峦，碧波起伏的草原和森林，给了他丰富的想象和创造力。最后，他跃入大自然宁静的深处……那泼洒到他脸上的河水，就是大地母亲流下的深情的泪水。他静静地躺在大地母亲的怀抱，世世代代都将听到那数不尽的来者的脚步声和歌声……

郑律成的碑文上是这样写的：

郑律成是一位将自己的生命与中国人民革命事业结为一体的革命家。人民是不朽的，郑律成的歌曲也是不朽的。抗日战争之初，律成到延安不久便写出了《延安颂》，这首歌曲像一只展翅飞翔的鸟儿，迅即从延安飞到各个解放区，飞到全中国，飞到海外各地。在中华民族生死存亡的历史关头，我们的队伍中有一代人便是唱着这首歌，热血沸腾、义无反顾地奔向革命圣地延安的。此后不久便是《八路军进行曲》的出现，有了这部作品，八路军这个伟大的英雄行列从此便有了代表自己的歌曲。中国人民的子弟兵正是唱着这首歌驱走了日本帝国主义侵略者，推翻了旧中国，建立了新中国；至今，我们的战士依然是唱着这首歌威镇边陲，保卫着伟大的社会主义祖国。一九八八年中央军委发布命令颁定为《中国人民解放军军歌》。晚年律成以十年的辛劳为当时已发表的毛泽东诗词全部写了曲谱，这些精心之作表达了律成对共产主义信念的赤诚，也是他所取得的最后一个音乐艺术高峰。律成为人质朴率真，无夸耀，无矜持，无优越感，对人民群众竭诚奉献，绝不计较个人得失。与他相处如面对一个果敢的战士，一个勤于耕作的农夫，一个了无心计的赤子。律成的友人中有相与始终的革命将帅，有林中的猎户、水边的渔民、矿山林场的工人。旧友日见情深，新交相逢如故。律成的辞世是突发的，带给亲人的是惊愕，是猝不及防，而后才是眼泪和哀伤。

受律成夫人丁雪松同志委托友人乔羽撰文并书

后　记

他用音乐讴歌壮丽的时代

　　郑律成的家属在八宝山觅得一块墓地，安葬了郑律成的骨灰，并请他的好友、著名词作者乔羽同志为他撰文并书写了碑文。郑律成的好友，"文革"中极力保护他的李序同志在安葬仪式上致了悼词。

　　古代的伯牙只有一个知音子期，当子期逝世后，伯牙即把琴摔碎，从此不再拨弦。郑律成的知音岂止一个，过去千百万人唱着他的歌冲锋陷阵，而今他的扣人心弦的乐曲，也不只在灯火辉煌的音乐厅内回荡，同时还化作电波飞向四面八方。电视荧屏还把作品演出实况介绍到千千万万个电视观众眼前。

　　在他逝世十周年的时候，在北京和延边朝鲜族自治州分别举行了郑律成作品音乐会。延边还举办了郑律成音乐作品研讨会及图片展览，到会的有郑律成的妻女，还有著名音乐家李焕之、时乐濛，有郑律成的战友李伟、张非、公木、唐荣枚、金帆、许文等，也有许多年轻的音乐界的朋友，他们从不同方面探讨了郑律成创作的军歌、抒情歌曲、民歌、歌剧、儿童歌曲等。这次会议的论文后来汇集成《论郑律成》一书，由延边人民出版社出版。这期间，辽宁人民出版社出版了《郑律成歌曲集》；中国唱片社录制了《郑律成作品专辑》唱片，后又出了CD。

1988 年八一建军节前夕，中央军委主席邓小平签署命令："经党中央批准，中央军委决定将《中国人民解放军进行曲》定为中国人民解放军军歌，现予颁布。"1997 年秋，在中国人民解放军诞生 70 周年的时候，郑律成作品音乐会在京隆重举行。

　　当新的世纪即将来临的重要时刻，共和国隆重庆祝自己成立 50 周年的时候，伴随天安门广场世纪大阅兵序幕的进行曲正是郑律成当年倾注青春热血谱就的《中国人民解放军军歌》。它那雄壮威武、势若江河泻地的旋律，伴着人民解放军陆海空三军方阵刚健有力的步伐，精神抖擞、英姿勃勃地通过检阅台，久久地在天安门广场上空飘荡……

　　郑律成的故乡——朝鲜半岛的人民也没忘记他。1989 年 8 月初，金日成主席在一次讲话中说："郑律成是《朝鲜人民军进行曲》的曲作者。作为作曲家，他作出了巨大的贡献。他同时又是朝鲜人民军协奏团的创始人，以郑律成的形象为典型，拍一部电影，将对朝鲜人民是很好的教育。"金正日同志就此亲自作了部署，特派朝鲜人民军最优秀的作家、"人民奖"获得者吴惠英来中国搜集材料创作剧本。当吴惠英在大使陪同下拜访丁雪松的时候，丁雪松请她观看了郑律成逝世 10 周年时北京中央乐团和延边自治州举行纪念音乐会的实况录像，并和她长谈几次，介绍郑律成的生平。约三年后，大型彩色故事片《音乐家郑律成》由朝鲜二八艺术电影制片厂摄制完成，这部片子在朝鲜各地上演后大受欢迎，久演不衰，获得多个奖项。

　　1996 年 10 月，丁雪松和女儿小提应大韩民国国立国乐院院长李成千之邀出访韩国，到达汉城的次日，即受到大韩民国文化体育部长官金荣秀的亲切接见。他向郑律成夫人丁雪松赠送了制作精致的圆形银盘，上面镌刻着：

您向大韩民国国立国乐院赠送郑律成先生生前搜集的古典乐谱和朝鲜民族民谣等贵重资料，对增进大韩民国和中华人民共和国两国间的相互理解和文化交流作出了贡献。为表示感激之情，特制作并赠送此感谢牌。

国立国乐院举办了郑律成作品发表会。参加发表会的丁雪松事后专程访问了郑律成的故乡全罗南道光州，祭扫了他父母亲郑海业、崔泳温的墓地。郑律成兄长的后裔枝繁叶茂，他们用"郑氏宗亲会"的名义为丁雪松举办了盛大的宴会。丁雪松还凭吊了郑律成的出生地，位于小山村的珠月里和他的成长地杨林町，参观了他就读的全州新兴中学。

人们说，音乐是面镜子，铁面无情的镜子。郑律成的歌说明了他一生是坦荡无私的，是忠诚于中朝两国人民的民族独立事业的。他不是完人，有他的缺点，但他毕竟用自己的音乐为我们波澜壮阔的时代留下了纪念，为以往的峥嵘岁月树立了丰碑，如果这无形的音乐能用碑石作比喻的话。